AF559347

Ballaststoffreiche Ernährung Kochbuch

Mit den leckersten ballaststoffreichen Rezepten zur Wunschfigur, einem gesunden Darm und mehr Vitalität

Ann-Kristin Dieken

Email: info@edition-lunerion.de
www.edition-lunerion.de

Psiana eCom UG
Berumer Str. 44
26844 Jemgum

Vorwort

Bei der Verdauung hakt's, Sie kämpfen mit Heißhungerattacken und der ersehnte Gewichtsverlust will sich auch nicht einstellen? Dann fehlt es Ihnen vielleicht ganz einfach an einem unscheinbaren Grundmaterial: An Ballaststoffen, die entgegen ihrer Namensgebung überhaupt nicht beschweren, sondern stattdessen für Leichtigkeit im Darm sorgen. Mit denen können Sie Ihren Körper gerne reichlich verwöhnen und wie das schmackhaft und abwechslungsreich klappt, zeigt Ihnen dieses Kochbuch.

Sie machen lange satt, stabilisieren den Blutzucker, sorgen für eine rasche Darmpassage und füttern ganz nebenbei auch noch unsere lebensnotwendigen Darmbakterien: Ballaststoffe, die unverdaulichen Fasern aus Vollkornbrot & Co., die dadurch zu Ihren besten Verbündeten gegen Übergewicht, Verstopfung, Diabetes Typ II, schlechte Cholesterinwerte und sogar Darmkrebs avancieren. In der modernen Ernährung kommen Sie allerdings oft sträflich zu kurz – doch damit ist jetzt Schluss! Denn hier entdecken Sie vielfältige Schlemmerideen, die mit der vollen Ladung an Ballaststoffen punkten und dabei auch noch unschlagbar lecker schmecken. Von Linsencurry über Hackfleisch-Quinoapfanne bis hin zu Pflaumenkuchen finden Veggies, Fleischfans, Fisch-Freaks und Naschkatzen gleichermaßen Auswahl und können sich so mit jedem Frühstück, Abendessen oder Snack so richtig etwas Gutes tun!

Guten Appetit!

INHALT

Wissenswertes

Ballaststoffe sind, wie der Titel bereits verrät, das Hauptelement dieses Rezeptbuchs. Das verrät bereits, dass diese ein wichtiger Teil unserer Ernährung darstellen sollten. Aber bevor es an den Ofen und den Herd geht, möchte man natürlich wissen: Warum sind Ballaststoffe so wichtig? Und vor allem auch: Was sind Ballaststoffe?

Die letztgenannte Frage wird zuerst beantwortet, da sie für das Verständnis des Themas essenziell ist. Das Wort „Ballaststoffe" könnte erst einmal vermitteln, dass es sich um etwas Negatives handelt, schließlich assoziieren wir Ballast mit nichts Positivem. Der Name kommt daher, dass der menschliche Darm Ballaststoffe kaum bis gar nicht verwerten kann. Deshalb der irrtümliche Glaube, sie wären nichts anderes als Ballast. Ballaststoffe sind langkettige Kohlenhydrate, die unverdaut den menschlichen Verdauungstrakt passieren. Sie sind wichtig für die Gesundheit, weil sie den Verdauungsprozess fördern, lange satt machen und Verstopfungen verhindern.

Um genauer auf Ballaststoffe einzugehen, kann man sie in zwei Gruppen unterteilen: Die erste Gruppe beschreibt die löslichen Ballaststoffe, die man vor allem in Obst und Gemüse vorfindet. Dort befinden sich die Ballaststoffe Oligofruktose, Inulin und Pektin. Außerdem enthalten Hafer und Gerste den Ballaststoff Beta-Glucane. Durch lösliche Ballaststoffe vergrößert sich das Volumen der aufgenommenen Nahrung. Diese nehmen im Magen nämlich viel Wasser auf, wodurch sie quellen. Dadurch kommt es zu einem langanhaltenden Sättigungsgefühl. Außerdem werden lösliche Ballaststoffe später zur Nahrung der Darmbakterien, wodurch die Gesundheit des Darms verbessert wird.

Die unlöslichen Ballaststoffe werden beispielsweise von Lignin und Zellulose gegründet. Sie lassen sich nicht in Wasser lösen und man findet diese vor allem in Hülsenfrüchten und Vollkornprodukten vor. Durch sie wird die Darmtätigkeit angeregt. Dadurch, dass die Darmbakterien die unlöslichen Ballaststoffe kaum abbauen, wird auch hier der Nahrungsbrei voluminöser. Dadurch kommt es dann zu mehr Bewegung im Darm und eine schnellere Ausscheidung.

Neben der Darmgesundheit haben Ballaststoffe aber noch viele weitere Funktionen, die dem Körper helfen. Das wird schnell vergessen, wenn man bei Ballaststoffen nur daran denkt, dass diese weder Mineralstoffe noch Vitamine enthalten. Das bedeutet jedoch nicht, dass sie unwichtig sind. Das Gegenteil ist der Fall.

Durch Ballaststoffe kommt es wie bereits erwähnt zu einem langanhaltenden Sättigungsgefühl. Somit helfen diese auch, Übergewicht zu vermeiden und ein gesundes Gewicht beizubehalten. Zudem müssen ballaststoffreiche Lebensmittel häufig länger gekaut werden, wodurch die Sättigung schon während des Essens eher eintritt. Auch das vermeidet eine schnelle Gewichtszunahme.

Ballaststoffe sind zudem wichtig für die eigene Mundhygiene. Durch das gründlichere und auch längere Kauen produzieren die Speicheldrüsen mehr Speichel. Durch diesen wird der Mund gereinigt. Somit wird also Karies vorgebeugt.

Vor allem für die Gesundheit des Herzens sind Ballaststoffe bedeutend. Sie senken das Risiko, an einer koronaren Herzkrankheit zu erkranken. Bei solchen Herzkrankheiten sind die Gefäße, die dem Herzen Sauerstoff liefern, stark verengt, wodurch es zu Herzrhythmusstörungen und Herzschwäche kommen kann. Nicht selten wird das durch Cholesterin verursacht. Auch wenn dies ein lebenswichtiges Fett ist und ein bedeutender Zellbaustein, ist zu viel hiervon nicht gut, da es sich an den Gefäßwänden ablagern sowie diese verengen kann. Ballaststoffe wirken dem entgegen, weil sie Gallensäuren binden und deren Ausscheidung verstärkt. Dadurch sinkt die Cholesterinkonzentration im Körper und auch das Risiko einer koronaren Herzerkrankung.

Immer mehr Menschen erkranken heutzutage an Diabetes mellitus Typ 2. Somit sind es gute Nachrichten, dass laut der Deutschen Gesellschaft für Ernährung das Risiko, Diabetes zu bekommen, durch Ballaststoffe gesenkt wird. Dadurch, dass diese im Darm voluminöser werden, wird die Lipid- und auch Glukoseaufnahme im Blut verlangsamt. Das stabilisiert den Blutzucker. Bei Diabetes ist der Blutzucker sehr kurvenreich.

Wie kurz angeschnitten, verbessern Ballaststoffe die Gesundheit des Darms. Das liegt genauer gesagt daran, dass sie die Zusammensetzung der Mikroben- und Bakterienbesiedlung beeinflussen – auch Darmmikrobiom genannt. Diese sind beispielsweise für das Immunsystem wichtig, indem sie die Ballaststoffe fermentieren und zu kurzkettigen Fettsäuren umbauen.

Inzwischen ist auch bekannt, dass Ballaststoffe das Risiko einer Darmkrebserkrankung verringern. Das geschieht durch die Ankurbelung des Darms, die die Ballaststoffe verursachen. Somit werden krebserregende Stoffe und Substanzen schneller ausgeschieden und haben gar nicht erst die Chance, sich weiterzuentwickeln.

Der letzte Bereich, den die Ballaststoffe positiv beeinflussen, ist die Psyche. Das gilt vor allem für die Themen Angst und Depressionen. Dass es eine Wechselwirkung zwischen Gehirn und Darm gibt – auch Darm-Gehirn-Achse genannt – ist schon lange bekannt. Deshalb wird stark vermutet, dass die kurzkettigen Fettsäuren, die durch den Abbau von Ballaststoffen entstehen, die mentale Gesundheit beeinflussen. Somit können sie beispielsweise Depressionen und Angstzustände lindern.

Weil Ballaststoffe also so viele gute Auswirkungen auf unseren Körper haben, kommt natürlich auch die Frage auf, wie viele Ballaststoffe wir zu uns nehmen sollten und auch, ob es hier eine obere Grenze gibt. Die Deutsche Gesellschaft für Ernährung hat die Empfehlung herausgegeben, dass ein Erwachsener mindestens 30 Gramm Ballaststoffe aufnehmen sollte. Allerdings wird dieser Wert nicht einmal von einem Viertel der deutschen Bevölkerung verzehrt, was gesundheitlich somit alles andere als gut ist. Die nationale Verzehrstudie II hat geschlechtsspezifische Durchschnittswerte herausgeben: Diese liegen bei Männern bei 25 Gramm, bei Frauen bei 23 Gramm. Das ist zwar nah dran, jedoch nicht genug, um die Darmgesundheit und auch die Gesundheit des Körpers wirklich zu optimieren.

Es gibt keine offizielle Obergrenze an Ballaststoffen, die am Tag aufgenommen werden sollten. Somit ist es nicht möglich, zu viele von diesen zu verzehren. Was jedoch sein kann, ist, dass Sie Symptome feststellen können, wenn Sie vorher kaum Ballaststoffe gegessen haben und diese Zufuhr dann auf einmal drastisch steigern. Ihre Darmbakterien sind es dann nämlich nicht gewohnt, so viele Ballaststoffe zu zersetzen. Hierdurch kommt es zu der Entstehung von Gasen, wodurch es zu Blähungen kommen kann. Ist die Steigerung der Zufuhr von Ballaststoffen mehr als drastisch, kann es auch schnell zu Durchfall kommen, weil Ihr Darm zunächst nicht in der Lage ist, die Menge an Ballaststoffen zu bewältigen. Möchten Sie also beginnen, mehr Ballaststoffe zu sich zu nehmen, machen Sie dies behutsam und beginnen Sie, vermehrt Obst und Gemüse zu essen, das sie vorher auch gegessen sowie vertragen haben. Wichtig ist auch, genug Wasser zu trinken. Ohne dieses gibt es schließlich keine Flüssigkeit im Darm, die auch gebunden werden kann. Somit könnte die Wirkung der Ballaststoffe nur begrenzt und nicht optimal eintreten.

Und nun zu der wichtigen Frage: Woher bekommt man denn viele Ballaststoffe? Generell gibt es fünf Arten von Lebensmitteln, die eine Vielzahl an Ballaststoffen haben. Zum einen sind das die Getreideprodukte. Mit 9,5 Gramm Ballaststoffe pro 100 Gramm schneiden die Haferflocken hier sehr gut ab. Knapp dahinter folgt das Vollkornbrot mit 8,4 Gramm.

Vor allem auch Nüsse, Kerne und Samen liefern sehr viele Ballaststoffe. Flohsamenschalen sind in ihrer Lieferung an Ballaststoffen mit 75 Gramm pro 100 Gramm unschlagbar. Hier reicht bereits eine geringe Menge in einer Speise, um bereits eine Menge der wichtigen Kohlenhydrate aufzunehmen. Zudem haben Sonnenblumenkerne mit 63 Gramm Ballaststoffen und ungeschälte Leinsamen mit 35 Gramm auch einen hohen Gehalt an Ballaststoffen.

Die fünfte Kategorie an Lebensmitteln, die in Bezug auf Ballaststoffe unverzichtbar sind, beschreiben die Hülsenfrüchte. Hier liegt der Mais mit 10 Gramm vorne, gefolgt von Kichererbsen mit 4,4 Gramm, Erbsen mit 4,1 Gramm und Linsen mit 2,8 Gramm. Dass Gemüse gesund ist, ist schon lange kein Geheimnis mehr. Somit ist es auch nicht wirklich verwunderlich, dass auch dieses ein guter Ballaststofflieferant ist.

Das gilt vor allem für Grünkohl mit 4,4 Gramm sowie Rosenkohl mit 4,4 Gramm pro 100 Gramm. Auch Weißkohl mit 3 Gramm und Blumenkohl mit 2,9 Gramm sind nicht schlecht dabei.

Der letzte wichtige Bereich der Lebensmittel ist das Obst. Das gilt vor allem für Beeren: Himbeeren liefern 3,5 Gramm Ballaststoffe pro 100 Gramm, Johannisbeeren 3,5 Gramm und Stachelbeeren mit 3,4 Gramm. Aber auch die Birne schneidet mit 2,8 Gramm nicht gerade schlecht ab. Wenn man viele Ballaststoffe zu sich nehmen möchte, dann sind tierische Produkte alles andere als hilfreich. Fleisch, Wurst, Käse, Ei und Milch liefern nämlich so gut wie oder gar keine Ballaststoffe. Deshalb gibt es zu dem Thema auch viele vegetarische und vegane Rezepte!

Somit lässt sich auch erschließen, was gängige Zutaten sind, die man in diesem Rezeptbuch findet: Haferflocken und Vollkornmehl lassen sich in fast jeder Kategorie wiederfinden. Das gilt besonders auch für Nüsse und Samen, die in verschiedenen Sorten immer wieder auftauchen. Viele warme Gerichte beinhalten zudem Linsen und Kichererbsen, weil sie eben viele Ballaststoffe liefern. An Gemüse und Obst mangelt es hier natürlich auch nicht, damit man es auch wirklich schafft, die Empfehlung an Ballaststoffen aufzunehmen. Wenn Sie also ballaststoffreich essen wollen, dürfen diese Zutaten auf keinem Fall auf Ihrer Einkaufsliste fehlen! Um in den Genuss von Ballaststoffen zu kommen und von ihrer wunderbaren Wirkung zu profitieren, folgen also nun die leckeren Rezepte!

Frühstück

FLOHSAMEN-FRÜHSTÜCK

1 Port. 15 Min. Leicht

Zutaten

200 ml Wasser
2 EL Flohsamen
2 EL Leinsamen
1 EL Chiasamen
1 EL Honig (alternativ Ahornsirup)
2 EL Granola
1 EL Mandelbutter
80 g griechischer Joghurt (oder veganer Joghurt)
50 g Himbeeren

Nährwerte p. P.

692 kcal
46 g Kohlenhydrate
39 g Fett
19 g Eiweiß

1 Vermischen Sie die Flohsamen, Leinsamen und Chiasamen in einer kleinen Schüssel miteinander. Geben Sie das Wasser hinzu und lassen Sie es mindestens zwei Stunden quellen.

2 Honig und Joghurt unter die Masse mischen.

3 Kochen Sie die Himbeeren mit etwas Wasser auf und gießen Sie dieses darüber.

4 Dekorieren Sie Ihr Frühstück mit Granola und Mandelbutter.

OVERNIGHT OATS OHNE ZUCKERZUSÄTZE

1 Port. 2 Std. Leicht

Zutaten

45 g Haferflocken
100 ml Wasser
Toppings nach Wahl, wie Obst oder Nüsse

Nährwerte p. P.

164 kcal
33 g Kohlenhydrate
3 g Fett
6 g Eiweiß

1 Geben Sie die Haferflocken zusammen mit der Wasser in ein Glas.

2 Die Mischung gut umrühren und über Nacht in den Kühlschrank stellen.

3 Erneut gut umrühren und nach Wunsch mit Toppings verfeinern.

MIT BANANE BELEGTES BROT

4 Port.

10 Min.

Mittel

Zutaten

4 Scheiben Mehrkornbrot
2 unreife Bananen
10 g Walnüsse
1 TL Zitronensaft
1 TL Honig
1 TL Chiasamen

Nährwerte p. P.

209 kcal
39 g Kohlenhydrate
3 g Fett
5 g Eiweiß

1 Das Mehrkornbrot in einen Toaster geben, um es leicht zu rösten.

2 Halbieren Sie jede Scheibe Brot diagonal.

3 Schneiden Sie die Bananen in dünne Scheiben und belegen Sie das zuvor getoastete Brot mit diesen. Beträufeln Sie das Brot anschließend mit Zitronensaft.

4 Die Walnüsse zerkleinern und die Bananenscheiben mit diesen und den Chiasamen belegen.

5 Beträufeln Sie das Brot zum Schluss mit Honig.

BALLASTSTOFFREICHES MÜSLI

1 Port.

10 Min.

Leicht

Zutaten

25 g zarte Haferflocken
25 g kernige Haferflocken
10 g Walnüsse
5 g Leinsamen
10 g Rosinen
1 TL Honig
60 g Apfel
60 g Banane
100 ml Milch (1,5 % Fett)
Zimt

Nährwerte p. P.

450 kcal
66 g Kohlenhydrate
12 g Fett
14 g Eiweiß

1 Geben Sie die Haferflocken, Rosinen und Leinsamen in eine kleine Schale.

2 Die Walnüsse zerkleinern und hinzugeben.

3 Gießen Sie alles mit Milch auf und verteilen Sie anschließend den Honig und den Zimt darüber.

4 Schneiden Sie den Apfel und die Banane in mundgerechte Stücke und rühren Sie sie unter.

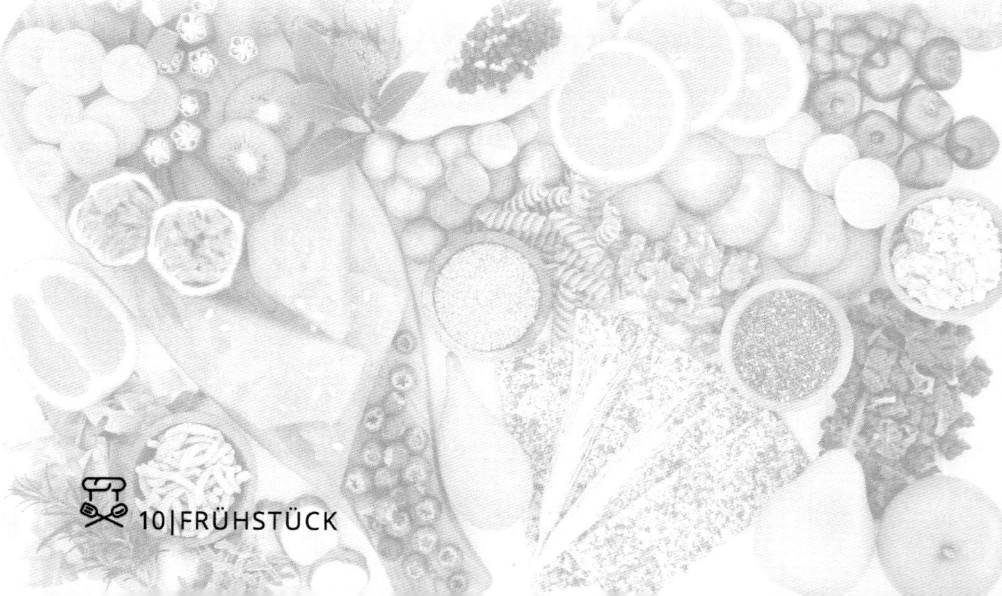

AUFLAUF MIT WALNÜSSEN UND ÄPFELN

4 Port. 20 Min. Leicht

Zutaten

Für die Haferflocken:
150 g Haferflocken
300 ml Mandelmilch
1 Banane
3 EL Ahornsirup
½ EL Vanilleextrakt
2 TL Zimt
½ TL Kardamom
1 Prise Salz

Für das Topping:
2 Äpfel
100 g Walnüsse
1 EL Ahornsirup
1 TL Kokosöl (+ Öl für die Auflaufform)
1 TL Zimt

Nährwerte p. P.

444 kcal
53 g Kohlenhydrate
20 g Fett
10 g Eiweiß

1 Heizen Sie den Backofen auf 180 °C Ober- und Unterhitze vor.

2 Haferflocken mit Zimt, Kardamom und Salz vermischen. Anschließend Mandelmilch unterrühren. Geben Sie den Ahornsirup und das Vanilleextrakt hinzu.

3 Zerdrücken Sie die Banane mit Hilfe einer Gabel und heben Sie diese unter die Haferflocken.

4 Walnüsse hacken und Äpfel würfeln.

5 Erhitzen Sie in einer Pfanne das Kokosöl und braten Sie in diesem die Äpfel, ¾ der Walnüsse, Zimt und Ahornsirup an. Zwischendurch umrühren und ungefähr fünf Minuten rösten.

6 Eine Auflaufform mit ein wenig Kokosöl einfetten. Form zu ¾ mit den Haferflocken bedecken und anschließend die Apfel-Walnuss-Mischung auf diesen verteilen. Streuen Sie die restlichen Walnüsse über den Auflauf.

7 Für 20 Minuten im Ofen backen.

BLAUBEER-FRÜHSTÜCKSMUFFINS

5 Port.

20 Min.

Leicht

Zutaten

300 g Bananen
1 Ei
75 g Haferflocken
50 g Blaubeeren
1 TL Backpulver
1 TL Vanilleextrakt

Nährwerte p. P.

134 kcal
23 g Kohlenhydrate
2 g Fett
4 g Eiweiß

1 Heizen Sie den Backofen auf 220 °C Ober- und Unterhitze vor.

2 Fetten Sie fünf Muffinformen ein.

3 Zerdrücken Sie die Bananen mit einer Gabel. Diese mit allen Zutaten außer den Blaubeeren vermischen.

4 Die Blaubeeren vorsichtig unter die Masse rühren.

5 Geben Sie den Teig in die Muffinformen und backen Sie ihn für fünf Minuten.

6 Die Ober- und Unterhitze auf 190 °C herunterdrehen und für zwölf Minuten erneut backen.

JOGHURT-BOWL MIT BROMBEEREN UND QUINOA

2 Port.

15 Min.

Leicht

Zutaten

400 g griechischer Joghurt
80 g Brombeeren
80 g Quinoa
40 g Mandeln
20 g Sonnenblumenkerne
2 EL Honig
½ Bund Minze

Nährwerte p. P.

438 kcal
57 g Kohlenhydrate
21 g Fett
12 g Eiweiß

1 Spülen Sie die Quinoa in einem Sieb mit Wasser ab. Bringen Sie Wasser zum Kochen und geben Sie die Quinoa hinein. Abgedeckt aufkochen lassen.

2 Reduzieren Sie die Hitze und lassen Sie die Quinoa 15 Minuten quellen. Anschließend abkühlen lassen.

3 Den Joghurt mit dem Honig vermischen.

4 Hacken Sie die Mandeln und zupfen Sie die Minzblätter.

5 Den Joghurt in zwei Schüsseln verteilen und auf diesen Brombeeren, Mandeln, Sonnenblumenkerne, Quinoa sowie Minze verteilen.

FRUCHTIG-SÜßER FRÜHSTÜCKSAUFLAUF

2 Port. 35 Min. Mittel

Zutaten

100 g Haferflocken
1 reife Banane
200 ml Milch
2 Eier
150 g frisches Obst je nach Wunsch
2 EL Honig
1 EL gehackte Mandeln
½ TL Zimt
½ TL gemahlene Vanilleschote

Nährwerte p. P.

518 kcal
70 g Kohlenhydrate
17 g Fett
17 g Eiweiß

1 Zerdrücken Sie die Banane mit einer Gabel. Anschließend mit Milch und Eiern vermengen. Honig, Zimt und Vanilleschote hinzugeben.

2 Heben Sie die Haferflocken unter die Bananenmasse.

3 Geben Sie das Ganze in eine Auflaufform. Das frische Obst fein würfeln und auf dem Auflauf verteilen.

4 Bestreuen Sie alles mit den gehackten Mandeln.

5 Bei 180 °C Unter- und Oberhitze für 20 - 25 Minuten im Ofen backen.

BALLASTSTOFFREICHER FRÜHSTÜCKSDRINK

15 Port. 1 Std. Mittel

Zutaten

4 EL Haferflocken
250 g Früchte der Saison
500 ml Hafermilch
2 Datteln

Nährwerte p. P.

466 kcal
79 g Kohlenhydrate
10 g Fett
9 g Eiweiß

1 Geben Sie alle Zutaten zusammen in einen Mixer mit hoher Leistung.

2 Alles für mindestens 30 Sekunden mixen, falls nötig länger. Es soll eine recht flüssige Konsistenz entstehen.

3 Wenn der Drink nicht flüssig genug ist, können Sie noch Hafermilch oder Wasser hinzufügen.

PANCAKES MIT MANDELN UND BLAUBEEREN

2 Port. 45 Min. Mittel

Zutaten

100 ml ungesüßte Hafermilch
2 Eier
30 g gemahlene Mandeln
60 g Vollkorn-Dinkelmehl
150 g frische Blaubeeren
1 EL Roh-Rohrzucker
1 EL getrocknete Blaubeeren
1 EL Mandelblättchen
2,5 TL natives Kokosöl
½ TL Backpulver
¼ TL Zimtpulver
1 Prise Salz

Nährwerte p. P.

440 kcal
33 g Kohlenhydrate
23 g Fett
18 g Eiweiß

1 Verquirlen Sie die Eier mit der Hafermilch und dem Rohrzucker. Mandeln sowie getrocknete Blaubeeren dazugeben.

2 Separat Mehl, Backpulver und Salz vermischen. Rühren Sie die Masse unter die Masse aus Eiern und Hafermilch. Den Teig für 15 Minuten zugedeckt quellen lassen.

3 Die Blaubeeren waschen und trockentupfen. Rösten Sie die Mandeln ohne Zugabe von Fett hell an. Aus der Pfanne nehmen und abkühlen lassen.

4 Erhitzen Sie zwei Teelöffel des Kokosöls bei mittlerer Hitze in einer beschichteten Pfanne. Geben Sie pro Pancake jeweils zwei Esslöffel Teig in die Pfanne. Backen Sie jede Seite für 1 - 2 Minuten. Den Pancake herausnehmen und mit dem restlichen Teig den Vorgang wiederholen. Eventuell noch ½ TL Kokosöl hinzufügen.

5 Die Blaubeeren auf den Pancakes verteilen und mit Zimt sowie Mandelblättchen bestreuen.

Brote & Brotaufstriche

BROT VOLLER BALLASTSTOFFE OHNE MEHL

15 Port. 13 Std. Mittel

Zutaten

140 g Sonnenblumenkerne
60 g Kürbiskerne
80 g Leinsamen
160 g Haferflocken
120 g gemahlene Leinsamen
30 g Chiasamen
10 g Ahornsirup
150 g Kokosöl
1 TL Salz
350 ml Wasser

Nährwerte p. P.

253 kcal
10 g Kohlenhydrate
20 g Fett
6 g Eiweiß

1 Sonnenblumenkerne, Kürbiskerne, Leinsamen, Chiasamen sowie Haferflocken vermischen.

2 Vermischen Sie dann separat den Ahornsirup mit dem Kokosöl und dem Wasser. Geben Sie die flüssige Mischung zu den trockenen Zutaten. Alles gut verrühren.

3 Den Teig in eine geeignete Backform geben und über Nacht ruhen lassen.

4 Heizen Sie den Ofen auf 180 °C Ober- und Unterhitze vor. Das Brot dann für 55 Minuten backen. Vor dem Anschneiden auskühlen lassen.

BALLASTSTOFFREICHES VOLLKORNBROT MIT HAFERFLOCKEN

15 Port.

19 Std.

Mittel

Zutaten

100 g Roggenvollkornmehl
200 g Dinkelvollkornmehl
200 g Weizenvollkornmehl
100 g Sonnenblumenkerne
25 g Haferkleie
125 g Haferflocken
1 g Frischhefe
650 ml lauwarmes Wasser
15 g Meersalz
Butter zum Einfetten der Form
Haferkleie zum Bestreuen

Nährwerte p. P.

249 kcal
39 g Kohlenhydrate
6 g Fett
8 g Eiweiß

1 Geben Sie das gesamte Mehl zusammen mit der Haferkleie, den Haferflocken und den Sonnenblumenkernen in eine große Schüssel.

2 Die Hefe in 50 ml Wasser auflösen. Zusammen mit dem übrigen Wasser zum Teig geben. Verteilen Sie das Salz am Rand der Schüssel. Den Teig gründlich kneten, sodass alles ordentlich vermischt wird.

3 Eine Kastenform der Größe 29 x 12 cm mit Butter einfetten und anschließend mit Haferkleie ausstreuen. Den Teig in die Form geben und mit nassen Händen dessen Oberfläche glätten.

4 Geben Sie die Form mit dem Teig in einen großen Plastikbeutel, damit die Oberfläche frisch bleibt. Den Teig dann für ungefähr 17 Stunden gehen lassen, sodass er ungefähr den Rand der Kastenform erreicht.

5 Legen Sie ein Blech auf den Boden des Backofens. Heizen Sie den Ofen auf 250 °C Ober- und Unterhitze vor. Backen Sie das Brot für 15 Minuten auf der mittleren Schiene an. Nachdem das Brot in den Ofen gegeben worden ist, stellen sie eine Tasse mit etwa 50 ml Wasser auf das Blech auf dem Boden. Dadurch entsteht benötigter Dampf.

6 Für eine Minute die Backofentür geöffnet lassen, damit der Dampf entweichen kann. Drehen Sie die Temperatur auf 210 °C herunter. Backen Sie das Brot für 40 Minuten, sodass es goldbraun wird.

7 Das Brot aus dem Backofen nehmen und auf ein Gitter stürzen. Legen Sie es seitlich, damit die Form bestehen bleibt, und lassen Sie es auskühlen, bevor Sie es anschneiden.

BALLASTSTOFFREICHES BUTTERMILCHBROT

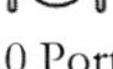

10 Port. 3 Std. Leicht

Zutaten

150 g Roggenvollkornmehl
150 g Weizenvollkornmehl
40 g Weizenkleber
30 g Gummar
400 ml Buttermilch
100 g 3-Samenmischung
30 g Sonnenblumenkerne
20 g Frischhefe
1 EL Zuckerrübensirup
2 TL Salz

Nährwerte p. P.

191 kcal
26 g Kohlenhydrate
6 g Fett
6 g Eiweiß

1 Das gesamte Mehl mit Weizenkleber und Gummar in einer Schüssel vermischen. Salz hinzufügen und Buttermilch erwärmen. In der Milch die Frischhefe auflösen. Anschließend den Zuckerrübensirup hinzugeben.

2 Rühren Sie die Mischung unter die Mehlmischung. Am besten mit einem Knethaken oder einer Maschine kneten, weil der Teig recht weich wird.

3 Samenmischung und Sonnenblumenkerne zum Teig geben, alles erneut gut vermengen. Geben Sie den Teig in eine Kastenform und decken Sie diese ab. Den Teig etwa 30 Minuten bei Zimmertemperatur gehen lassen.

4 Heizen Sie den Backofen auf 150 °C Ober- und Unterhitze vor. Das Brot im Ofen etwa zwei Stunden backen lassen.

5 Das Brot vor dem Anschneiden in der Form auskühlen lassen.

BALLASTSTOFFREICHER STUTEN

4 Port.

4 Std.

Mittel

Zutaten

200 g Dinkelvollkornmehl
200 g Weizenvollkornmehl
25 g Weizenkleie
50 g zarte Haferflocken
50 g Leinsamenschrot
8 g Frischhefe
15 g Backmalz
3 EL Sonnenblumenöl
1 EL Salz
etwas Wasser

Nährwerte p. P.

305 kcal
62 g Kohlenhydrate
1 g Fett
9 g Eiweiß

1 Lösen Sie die frische Hefe in lauwarmem Wasser auf. Dinkel- sowie Weizenmehl mit Weizenkleie, Leinsamenschrot, Backmalz und Haferflocken vermischen. Das Salz hinzugeben und gut vermengen.

2 Gießen Sie das Öl über den Teig und kneten Sie diesen mit einem Knethaken. Dabei immer wieder etwas Wasser hinzufügen, damit der Teig sich später aus der Schüssel lösen lässt.

3 Etwa zehn Minuten kneten, bis ein weicher Teig entsteht. Decken Sie den Teig ab und lassen Sie ihn mindestens zwei Stunden gehen.

4 Schneiden Sie den Teig in drei gleich große Teile und rollen Sie diese zu langen „Würsten". Diese dann zu einem Zopf flechten.

5 Legen Sie eine Kastenform mit Folie aus und legen Sie den Zopf in die Form. Decken Sie diese mit einem feuchten Tuch ab und lassen Sie den Teig noch eine Stunde gehen.

6 Pinseln Sie den Zopf mit etwas Salzwasser ein. Heizen Sie den Backofen auf 260 °C Ober- und Unterhitze vor. Ein leeres Backblech auf die unterste Schiene schieben.

7 Das Brot in der Kastenform auf das Blech legen und direkt kaltes Wasser auf das Blech kippen. Schließen Sie die Tür schnell und reduzieren Sie die Temperatur auf 220 °C. Lassen Sie es 40 Minuten backen.

8 Auskühlen lassen und anschließend anschneiden.

VEGANES EIWEISSBROT

12 Port.

1 Std. 10 Min.

Leicht

Zutaten

200 g gemahlene Mandeln
6 EL gemahlene Flohsamenschalen
3 EL gemahlene Leinsamen
40 g Kokosmehl
2 TL Backpulver
30 ml Rapsöl
1 EL Backpulver
320 ml warmes Wasser
1 EL Apfelessig
1 TL Salz

Nährwerte p. P.

129 kcal
7 g Kohlenhydrate
8 g Fett
7 g Eiweiß

1 Den Backofen auf 200 °C Ober- und Unterhitze vorheizen. Eine 20 cm Kastenform beiseitestellen.

2 Vermischen Sie in einer großen Schüssel die Mandeln, Leinsamen, Flohsamenschalen, das Kokosmehl, Backpulver und Salz. Rapsöl, Apfelessig und Wasser dazugeben. Gut vermengen. Kneten Sie den Teig mit den Händen kurz weiter. Zwei Minuten ruhen lassen, um sicherzustellen, dass alles gut aufgenommen worden ist.

3 Formen Sie den Teig zu einem Brot. Es sollte etwas kleiner als die Kastenform sein. Hände anfeuchten und das Brot durch Streichen glätten. Teig auf Backpapier geben und in die Kastenform heben.

4 Backen Sie das Brot für 60 - 70 Minuten um Ofen. Falls die Oberfläche zu dunkel wird, können Sie die Form mit Backpapier abdecken.

5 Das Brot mit Hilfe des Backpapiers aus der Form heben und auf ein Kuchengitter zum Abkühlen geben.

AVOCADO-NUSS-NOUGAT-CREME

15 Port.

5 Min.

Leicht

Zutaten

1 reife Avocado
100 ml Ahornsirup
60 g ungesüßtes Kakaopulver
2 TL Vanilleextrakt
1 Prise Salz

Nährwerte p. P.

69 kcal
9 g Kohlenhydrate
3 g Fett
1 g Eiweiß

1 Schneiden Sie die Avocado in der Mitte durch und entfernen Sie den Kern mit einem Löffel. Nutzen Sie diesen auch, um den Inhalt der Avocado in einen Mixer zu geben.

2 Geben Sie die restlichen Zutaten ebenfalls in den Mixer. Mischen Sie in diesem alles, bis das Ergebnis eine dickflüssige und glatte Masse ist.

3 Die Nuss-Nougat-Creme in ein Glas füllen.

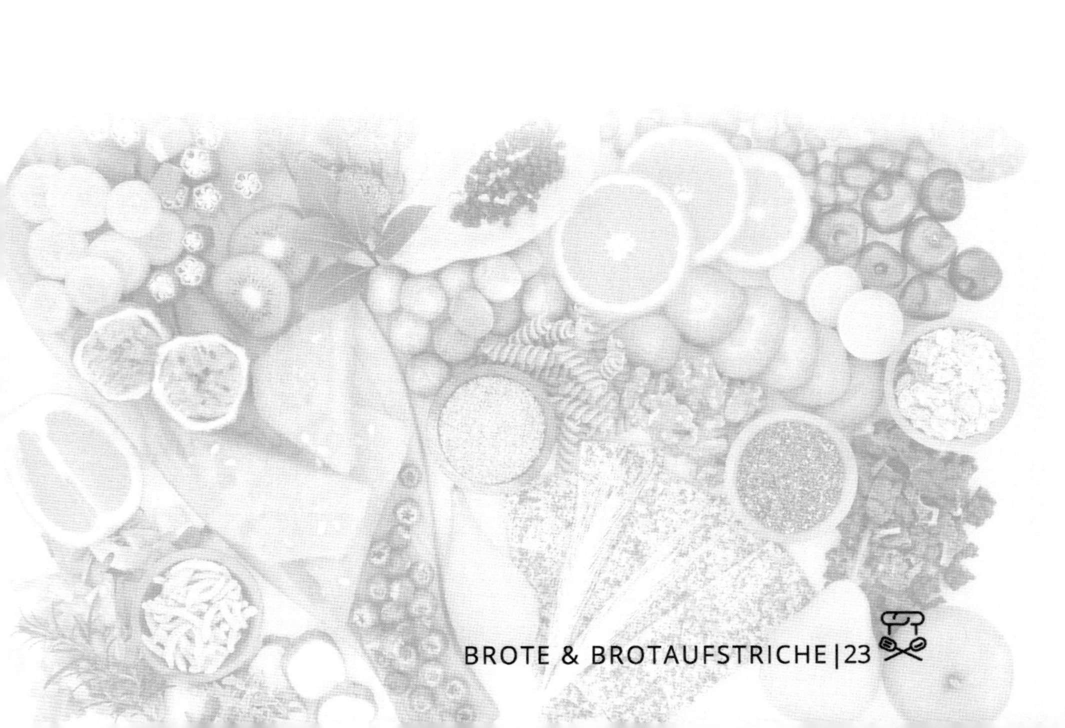

REISWAFFEL-METT

20 Port.

5 Min.

Leicht

Zutaten

100 g Reiswaffeln
1 rote Zwiebel
1 weiße Zwiebel
300 ml passierte Tomaten
½ TL Salz
1 Prise rosenscharfes Paprikapulver
½ TL edelsüßes Paprikapulver
1 Prise Pfeffer

Nährwerte p. P.

26 kcal
5 g Kohlenhydrate
0 g Fett
1 g Eiweiß

1 Zerbröseln Sie die Reiswaffeln möglichst fein und geben Sie diese in eine große Schüssel.

2 Passierte Tomaten mit dem Paprikapulver, Salz und Pfeffer verrühren. Anschließend zu den Reiswaffeln geben. Wenn die Masse sehr trocken ist, etwas Wasser hinzugeben.

3 Würfeln Sie die Zwiebel und geben Sie diese auch in die Schüssel.

4 Das Reiswaffel-Mett im Kühlschrank über Nacht ruhen lassen, damit die Aromen in das Mett einziehen können.

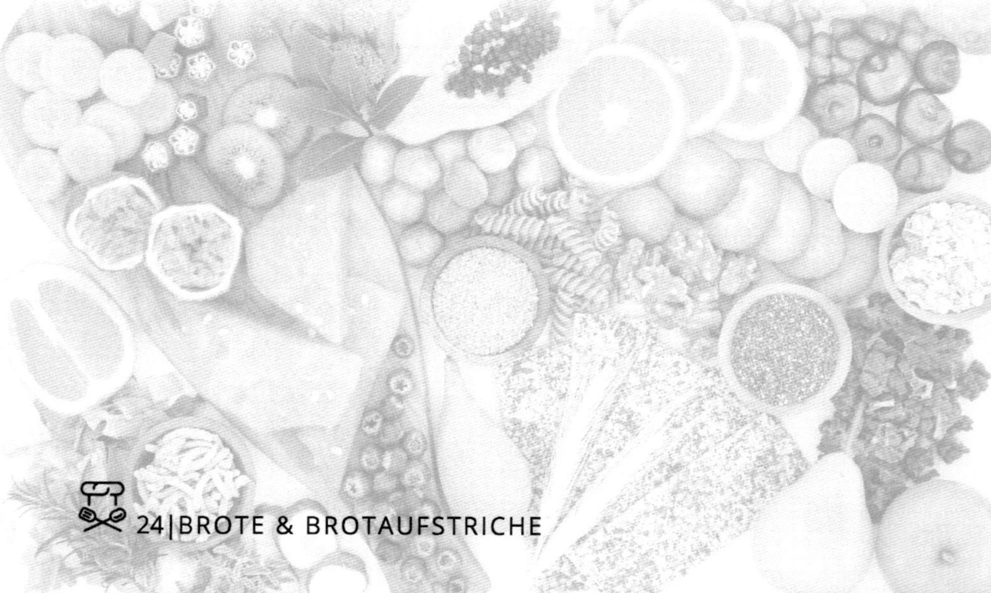

ORIENTALISCHER DATTEL-HUMMUS

4 Port.

10 Min.

Leicht

Zutaten

1 Dose Kichererbsen
2 EL Sesammus
1 EL Sesamöl
5 getrocknete Datteln
1 Prise Koriander
1 Prise gemahlener Kreuzkümmel
1 Prise Zimt
1 Prise Salz

Nährwerte p. P.

185 kcal
22 g Kohlenhydrate
7 g Fett
6 g Eiweiß

1 Die Kichererbsen über einem Sieb abgießen und anschließend abspülen. Die Kichererbsen mit einem Mixer pürieren.

2 Geben Sie das Sesammus zu dem Püree und verrühren Sie das Ganze.

3 Die getrockneten Datteln in feine Würfel schneiden. Rühren Sie die Datteln zusammen mit dem Koriander, Zimt, Salz und dem Kreuzkümmel in den Hummus.

4 Den Hummus mit Sesamöl beträufeln.

5 Hummus in ein Glas füllen.

AUFSTRICH MIT APFELRINGEN UND SONNENBLUMENKERNEN

8 Port. | 1 Std. 30 Min. | Leicht

Zutaten

100 g Sonnenblumenkerne
40 g getrocknete Apfelringe
2 EL Hefeflocken
2 EL Rapsöl
1 TL getrockneter Thymian
1 TL geräuchertes Paprikapulver
1 TL Senfkörner
½ TL gemahlener Koriander
½ Bund Schnittlauch
1 Prise Salz
1 Prise Pfeffer
200 ml Wasser

Nährwerte p. P.

118 kcal
6 g Kohlenhydrate
9 g Fett
3 g Eiweiß

1 Weichen Sie die Sonnenblumenkerne in 200 ml Wasser für eine Stunde ein. Anschließend in einem Sieb abgießen. Das Wasser auffangen.

2 Die Sonnenblumenkerne mit dem Thymian, den Senfkörnern, dem Koriander, dem Paprikapulver, dem Rapsöl und den Hefeflocken in einem Rührbecher mit einem Pürierstab pürieren.

3 Aufgefangenes Wasser hinzugeben, bis Sie ein cremiges Püree haben.

4 Würfeln Sie die Apfelringe fein. Den Schnittlauch waschen und in Röllchen schneiden. Rühren Sie beides unter das Püree, je nach Geschmack mit Pfeffer und Salz würzen.

5 Den Aufstrich in ein Glas füllen.

FETA-LINSEN-AUFSTRICH

 2 Port.
 35 Min.
 Leicht

Zutaten

100 g rote Linsen
100 g cremiger Feta
1 Knoblauchzehe
1 Zwiebel
2 EL Olivenöl
250 ml Gemüsebrühe
1 Prise Salz
1 Prise Pfeffer
2 Prisen gemahlener Kreuzkümmel
2 Prisen Chiliflocken
3 Zweige Minze
4 Zweige Petersilie
1 TL Zitronenabrieb
1 EL Zitronensaft

Nährwerte p. P.

26 kcal
5 g Kohlenhydrate
0 g Fett
1 g Eiweiß

1 Knoblauch sowie Zwiebel abziehen und fein hacken. Erhitzen Sie das Öl in einem Topf und dünsten Sie in diesem den Knoblauch und die Zwiebel für 3 - 4 Minuten an.

2 Linsen hinzugeben und mit Kreuzkümmel, Chiliflocken und Pfeffer würzen. Mit Gemüsebrühe auffüllen und aufkochen lassen. Zugedeckt für 15 - 20 Minuten bei mittlerer Hitze garen lassen. Die Linsen sollen die Flüssigkeit aufnehmen.

3 Linsen in eine Schüssel geben und abkühlen lassen. Minze und Petersilie abspülen, trockentupfen und die Blätter abzupfen sowie hacken.

4 Feta über die Linsen bröckeln und mit einem Pürierstab pürieren. Rühren Sie die Kräuter, den Zitronensaft und Zitronenabrieb unter. Mit Salz und Pfeffer abschmecken.

5 Den Feta-Linsen-Aufstrich in ein Glas füllen.

Salate

ASIATISCHE BOWL MIT GURKENSALAT

 4 Port.  30 Min.  Leicht

Zutaten

50 g Reisnudeln
100 g Babyspinat
4 Möhren
6 Radieschen
1 Mango
1 Bio-Limette
1 Salatgurke
1 Avocado
80 g Mungobohnensprossen
5 EL Sojasauce
4 TL Agavendicksaft
4 EL Reisessig
2 TL Sesam
1 kleine rote Chili
2 EL gemahlene Erdnüsse
2 Stiele Minze
Salz

Nährwerte p. P.

330 kcal
37 g Kohlenhydrate
14 g Fett
9 g Eiweiß

1 Die Reisnudeln nach Packungsanleitung bissfest in kochendem Salzwasser garen. Mit kaltem Wasser abschrecken. Radieschen und Spinat waschen. Radieschen in feine Scheiben schneiden.

2 Schälen Sie die Möhren und schneiden Sie diese in feine Stifte. Mango ebenfalls schälen und das Fruchtfleisch vom Kern lösen. Würfeln Sie die Mango. Die Avocado in der Mitte durchschneiden, den Kern entfernen und das Fruchtfleisch herausnehmen, anschließend in Würfel schneiden. Die Limette und die Sprossen waschen und abtrocknen.

3 Waschen Sie die Gurke und scheiden Sie sie in feine Scheiben. Drücken Sie mit den Händen das Wasser aus dieser. 2 TL Agavendicksaft, 2 EL Reisessig und 1 EL Sojasauce vermischen. Heben Sie den Sesam und die Gurke unter. Verteilen Sie den Gurkensalat gleichmäßig in vier Schüsseln.

4 Die Minze waschen und deren Blätter hacken. Die Chilischote längs halbieren, dann entkernen und hacken. Die gehackte Schote dann mit dem übrigen Agavendicksaft, Essig und der restlichen Sojasauce mischen.

5 Alle Zutaten außer dem Gurkensalat in vier Schalen geben. Heben Sie die Kräuter und das Chili-Dressing unter. Hacken Sie die Erdnüsse und vierteln Sie die Limette. Hiermit die Bowl dekorieren. Die Bowl mit dem Gurkensalat servieren.

SALAT MIT QUINOA UND HIMBEEREN

1 Port.

30 Min.

Leicht

Zutaten

150 g Quinoa
150 g Brokkoli
50 g Kichererbsen
50 g Kidneybohnen
200 g gemischter Salat
50 g Himbeeren

Dressing:
2 EL MCT Öl
1 EL Weißweinessig
75 g gefrorene Himbeeren
½ EL Honig

Nährwerte p. P.

605 kcal
63 g Kohlenhydrate
30 g Fett
16 g Eiweiß

1 Quinoa nach Packungsanweisung kochen und abkühlen lassen.

2 Gemüse, Himbeeren und Kidneybohnen waschen. Schneiden Sie alles in mundgerechte Stücke.

3 Die Zutaten für das Dressing zusammen mit Salz und Pfeffer in einen Mixer geben und pürieren.

4 Quinoa mit Kidneybohnen, Gemüse und Himbeeren in eine große Schüssel geben.

5 Geben Sie das Dressing über den Salat.

SALAT MIT CHIA UND ROTER BETE

4 Port. 25 Min. Leicht

Zutaten

1 kg vorgekochte Rote Bete
250 g Kichererbsen
150 g Feta
3 EL Chiasamen
½ Zitrone
2 EL Olivenöl
1 TL Honig
5 Stiele Basilikum
Salz
Pfeffer

Nährwerte p. P.

398 kcal
46 g Kohlenhydrate
19 g Fett
16 g Eiweiß

1 Schneiden Sie die Rote Bete in Würfel, gießen Sie die Kichererbsen ab und spülen Sie sie ab. Feta würfeln, Basilikum waschen, trockentupfen und hacken.

2 Pressen Sie die Zitrone aus. Mischen Sie den Zitronensaft mit dem Honig und dem Öl. Nach Geschmack mit Salz und Pfeffer würzen.

3 Alle Zutaten für den Salat mischen. Heben Sie das Dressing unter. Rösten Sie die Chiasamen ohne Fett in einer Pfanne an und verteilen Sie sie über dem Salat.

ROTE-LINSEN-NUDELSALAT

4 Port. 25 Min. Leicht

Zutaten

250 g Rote Linsen-Pasta
250 g Kirschtomaten
1 rote Paprika
1 Avocado
50 g Rucola
1 kleine Zwiebel
50 g Walnüsse
1EL weißer Balsamico
2 EL Olivenöl
Salz
Pfeffer

Nährwerte p. P.

471 kcal
41 g Kohlenhydrate
22 g Fett
21 g Eiweiß

1 Kochen Sie die Nudeln nach Packungsanweisung und gießen Sie diese anschließend ab. Direkt in eine große Schüssel geben und mit Olivenöl mischen.

2 Tomaten, Paprika, Avocado und Zwiebel in mundgerechte Stücke schneiden. Walnüsse hacken.

3 Geben Sie das geschnittene Gemüse und die Nüsse zu den Nudeln. Gut vermengen.

4 Rucola hinzufügen und alles mit Salz und Pfeffer würzen. Den Essig unterrühren. Falls der Salat als zu trocken erscheint, noch etwas Wasser hinzufügen.

5 Gleichmäßig auf vier Schüsseln verteilen.

5-ZUTATEN-SALAT

1 Port.

20 Min.

Leicht

Zutaten

200 g Linsen
1 große Birne
200 g Kirschtomaten
1 EL Kürbiskerne
etwas Zitronensaft
Salz
Pfeffer

Nährwerte p. P.

433 kcal
45 g Kohlenhydrate
18 g Fett
15 g Eiweiß

1 Die Linsen nach Packungsanweisung kochen, abschütten und abspülen. Etwas abkühlen lassen. Geben Sie die Linsen auf einen tiefen Teller.

2 Waschen Sie die Birne und schneiden Sie diese in Würfel. Auf den tiefen Teller zu den Linsen geben.

3 Die Tomaten abwaschen und klein schneiden. Ebenfalls auf den Teller geben.

4 Als Dressing etwas Zitronensaft auf dem Salat verteilen. Nach Wunsch mit Salz und Pfeffer würzen.

5 Die Kürbiskerne auf dem Salat verteilen.

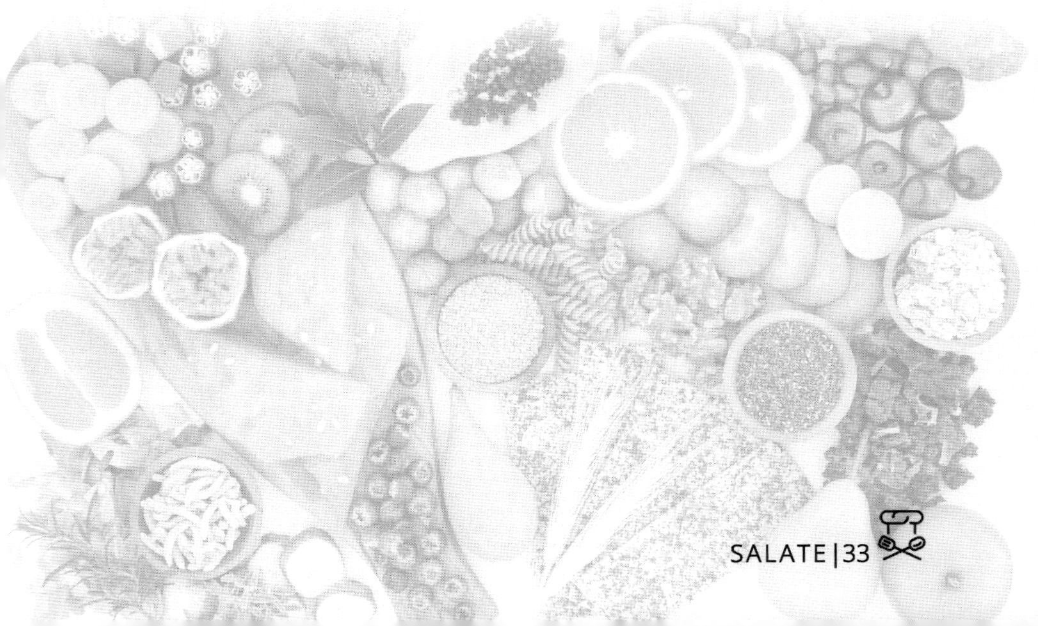

ROSENKOHLSALAT MIT QUINOA UND HANFÖLDRESSING

4 Port. 35 Min. Leicht

Zutaten

180 g Quinoa
400 g Rosenkohl
4 Eier
1 Apfel
50 ml Gemüsebrühe
3 EL Hanföl
2 EL Zitronensaft
1 EL Olivenöl
1 EL grobkörniger Senf
Salz
Pfeffer

Nährwerte p. P.

430 kcal
36 g Kohlenhydrate
21 g Fett
16 g Eiweiß

1 Lassen Sie die Quinoa für etwa 20 Minuten in der Gemüsebrühe kochen. Dann zehn Minuten ziehen lassen und die Quinoa mit Hilfe einer Gabel auflockern.

2 Kochen Sie die Eier für 6 - 7 Minuten, sodass sie wachsweich werden. Abkühlen lassen und dann schälen sowie halbieren. Entkernen Sie den Apfel und schneiden Sie ihn in dünne Scheiben.

3 Hanföl, Zitronensaft und Senf miteinander vermischen, je nach Geschmack mit Salz sowie Pfeffer würzen.

4 Hobeln Sie den Rosenkohl und erhitzen Sie das Olivenöl in einer Pfanne. Rosenkohl anbraten, etwas Wasser dazugeben und für drei Minuten braten. Zwischendurch rühren und mit Salz und Pfeffer würzen. Apfelscheiben, Rosenkohl und die Hälfte des Dressings mit Quinoa vermischen.

5 Den Salat auf vier Tellern verteilen und jeweils ein Ei auf jeden Teller geben. Mit dem restlichen Dressing beträufeln.

BALLASTSTOFFREICHER KARTOFFELSALAT

4 Port.

1 Std.

Leicht

Zutaten

Für den Salat:
250 g Kartoffeln
1 Bund geputzte Radieschen
100 g geputzte Zuckerschoten
4 geputzte Artischocken
½ geschälte rote Zwiebel
2 EL gehackte Petersilie

Für die Vinaigrette:
50 ml Olivenöl
1 TL Dijonsenf
1 EL Rotweinessig
1 EL gehackte Kapern
Salz
Pfeffer

Nährwerte p. P.

250 kcal
20 g Kohlenhydrate
12 g Fett
7 g Eiweiß

1 Kartoffeln kochen, bis sie weich sind, und abkühlen lassen. In mundgerechte Stücke schneiden. Würfeln Sie die Zuckerschoten und schneiden Sie die Zwiebel, Artischocken und Radieschen in Scheiben.

2 Gemüse sowie Petersilie mit den Kartoffeln vermengen.

3 Essig, Olivenöl, Kapern, Senf, Salz und Pfeffer verrühren. Die entstandene Vinaigrette mit dem Salat vermengen. Den Salat etwas ziehen lassen.

REISSALAT MIT NEKTARINEN UND ZUCKERSCHOTEN

4 Port.

1 Std.

Leicht

Zutaten

250 g Naturreis
1 Bund Frühlingszwiebeln
200 g Zuckerschoten
2 Nektarinen
250 g Kirschtomaten
3 EL Olivenöl
4 EL Pistazienkerne
2 EL Zitronensaft
3 EL Walnussöl
2 TL Honig
1 Bund Petersilie
½ Bund Basilikum
1 Zweig Rosmarin
Salz
Pfeffer

Nährwerte p. P.

580 kcal
70 g Kohlenhydrate
27 g Fett
13 g Eiweiß

1 Den Naturreis abspülen und mit 650 ml Salzwasser für etwa 40 Minuten garen. Den Reis danach noch etwas quellen lassen. Auskühlen lassen und auflockern, am besten mit einer Gabel.

2 Putzen Sie die Zuckerschoten und Frühlingszwiebeln. Zuckerschoten für fünf Minuten in kochendem Wasser garen und anschließend abgießen. Frühlingszwiebeln in Ringe schneiden. Kräuter und Tomaten waschen. Tomaten halbieren, Kräuter hacken.

3 Waschen Sie die Nektarinen, halbieren Sie diese und entfernen Sie die Steine. In kleine Spalten schneiden. Rosmarin waschen und die Nadeln hacken. In einer Pfanne 1 EL des Olivenöls erhitzen. Für fünf Minuten den Rosmarin und die Nektarinen bei mittlerer Hitze dünsten. Nach Geschmack mit Salz und Pfeffer würzen.

4 Pistazienkerne hacken. Das restliche Öl mit Zitronensaft und Honig verquirlen. Die Hälfte der gehackten Pistazien untermischen und mit Salz sowie Pfeffer würzen.

5 Frühlingszwiebeln, Tomaten, Zuckerschoten und Kräuter mit Reis vermischen. Den Reissalat mit dem Pistaziendressing beträufeln. Verteilen Sie die Nektarinen auf dem Salat und bestreuen Sie ihn mit den übrigen Pistazienkernen.

Suppen

TOMATENSUPPE MIT BOHNEN

4 Port. 45 Min. Leicht

Zutaten

800 g Tomaten
150 g Knollensellerie
400 g weiße Bohnen, Dose
1 Schalotte
1 Knoblauchzehe
600 ml Gemüsebrühe
1 EL Gin
2 EL Olivenöl
1 Prise Zucker
1 EL gehacktes Basilikum
Salz
Pfeffer

1 Überbrühen Sie die Tomaten. Anschließend kalt abschrecken. Die Tomaten häuten, entkernen und fein würfeln.

2 Schälen Sie den Knoblauch, den Sellerie und die Schalotte. Dann fein würfeln. Das Olivenöl in einer Pfanne erhitzen und die zuvor genannten Zutaten in diesem für etwa zwei Minuten anschwitzen.

3 Die Tomaten in die Pfanne geben und die Brühe hinzufügen. Für 15 Minuten zugedeckt köcheln lassen.

4 Die Suppe pürieren und die weißen Bohnen hinzugeben. Die Suppe weitere zehn Minuten köcheln lassen. Mit Salz, Pfeffer, Zucker und Gin abschmecken.

5 Basilikum in die Suppe geben und diese auf vier tiefe Teller verteilen.

Nährwerte p. P.

134 kcal
13 g Kohlenhydrate
6 g Fett
5 g Eiweiß

SUPPE AUS GRÜNEM GEMÜSE

4 Port. 25 Min. Leicht

Zutaten

200 g Grünkohl
200 g Brokkoli
100 g Erbsen
150 g Blattspinat
120 ml Kokosmilch
1 Knoblauchzehe
1 Schalotte
1 Handvoll Minzblätter
2 EL Rapsöl
1 l Gemüsebrühe

Nährwerte p. P.

210 kcal
10 g Kohlenhydrate
14 g Fett
8 g Eiweiß

1 Alle grünen Gemüsesorten waschen. Schalotte und Knoblauch schälen sowie fein würfeln. Rapsöl in einen großen Topf geben und Knoblauch sowie Schalotte glasig anschwitzen.

2 Die Röschen vom Brokkoli trennen. Schneiden Sie den Grünkohl und den Strunk des Brokkoli klein. Geben Sie beides in den Topf und braten Sie es bei hoher Temperatur.

3 Gemüsebrühe angießen und Spinat sowie Erbsen hinzugeben. Lassen Sie alles bei mittlerer Temperatur für etwa zehn Minuten köcheln. Das Gemüse sollte weich werden.

4 Die Suppe kurz abkühlen lassen und dann Kokosmilch sowie Minze hinzugeben. Pürieren Sie alles mit einem Pürierstab. Mit Salz und Pfeffer würzen.

5 Auf vier tiefe Teller gleichmäßig verteilen.

BOHNENEINTOPF

4 Port.

1 Std. 20 Min.

Leicht

Zutaten

1 Dose weiße Bohnen
1 Dose Tomaten
1 Dose Kidneybohnen
1 große Zwiebel
1 rote Paprika
1 grüne Paprika
2 große Kartoffeln
500 ml Gemüsebrühe
3 gepresste Knoblauchzehen
5 EL Sauerrahm
1 Schuss Essig
4 EL Paprikapulver
2 TL Tomatenmark
Salz
Pfeffer
Chilipulver
Lorbeerblätter
1 TL Rapsöl

Nährwerte p. P.

527 kcal
87 g Kohlenhydrate
7 g Fett
21 g Eiweiß

1 Schälen Sie die Zwiebel und würfeln Sie diese. In Rapsöl in einem großen Topf glasig anschwitzen. Kartoffeln schälen und ebenfalls würfeln. Paprika in Streifen schneiden. Beides kurz mitrösten.

2 Paprikapulver und Tomatenmark in den Topf geben. Alles mit Essig ablöschen. Gießen Sie den Inhalt mit der Gemüsebrühe auf.

3 Knoblauch und Tomaten sowie nach Geschmack Lorbeerblätter und Chilipulver in den Topf geben. Für etwa 45 Minuten kochen lassen.

4 Geben Sie die weißen Bohnen hinzu und lassen Sie die Suppe ziehen.

5 Die weißen Bohnen können auch durch frische Bohnen ersetzt werden, müssen dann aber in Wasser eingeweicht werden und über Nacht dieses einziehen. Mit Salz, Pfeffer und Sauerrahm abschmecken.

LINSENSUPPE MIT GRÜNKOHL

4 Port. 30 Min. Leicht

Zutaten

200 g rote Linsen
100 g Grünkohl (alternativ 50 g TK-Grünkohl)
10 g Glasnudeln
1 l Gemüsebrühe
3 EL Öl
½ TL Chilipulver
Salz

Nährwerte p. P.

298 kcal
32 g Kohlenhydrate
11 g Fett
14 g Eiweiß

1 Kochen Sie die roten Linsen in der Gemüsebrühe in einem großen Topf. Sofort auch Chilipulver hinzugeben. Die Linsen bei geringer Hitze abgedeckt für 20 Minuten garen.

2 Putzen sowie waschen Sie den Grünkohl und entfernen Sie den Strunk. Die Blätter abzupfen.

3 Pürieren Sie die Linsensuppe mit einem Pürierstab und schmecken Sie diese mit Salz ab. Den Grünkohl hinzugeben und alles für 3 - 4 Minuten bei geringer Stufe köcheln lassen.

4 Erhitzen Sie das Öl in einer Pfanne. Frittieren Sie in dieser die Glasnudeln für 1 - 2 Sekunden portionsweise.

5 Die Linsensuppe auf vier tiefe Teller gleichmäßig verteilen. Mit Glasnudeln garnieren.

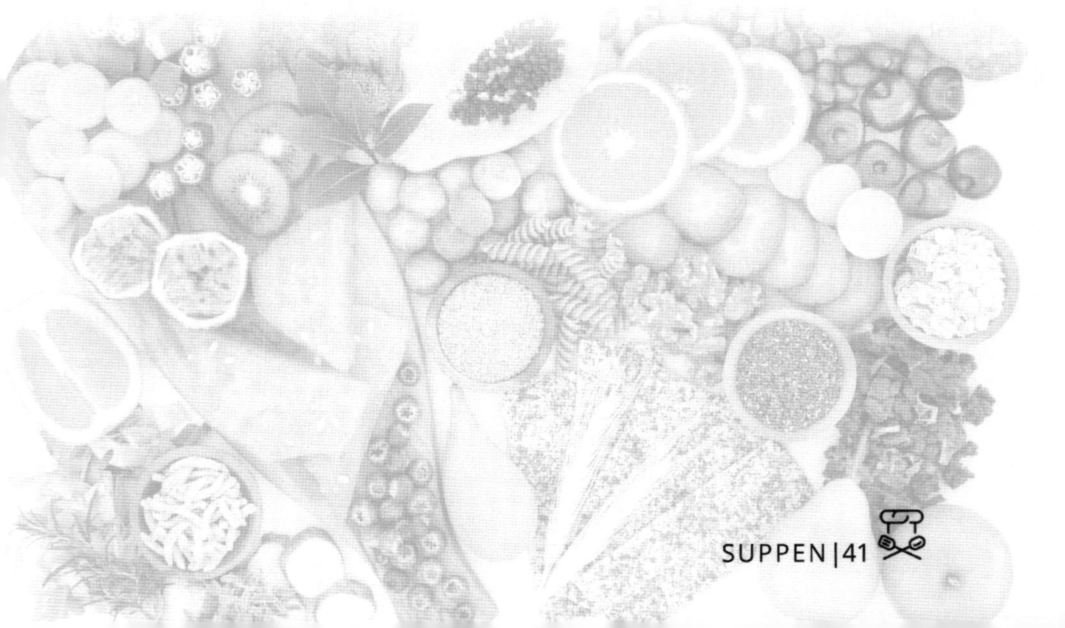

KICHERERBSEN-GNOCCHI-SUPPE

6 Port. 25 Min. Mittel

Zutaten

1 kg Möhren
1 EL Butter
400 g frische Erbsen
½ TL Pfeffer
1 TL Salz
250 ml Wasser

Für die Gnocchi:
120 g Kichererbsenmehl
75 ml Wasser
1 Prise Salz
Wasser zum Kochen

Nährwerte p. P.

195 kcal
24 g Kohlenhydrate
4 g Fett
9 g Eiweiß

1 Die Möhren waschen und schälen. Anschließend in dünne Scheiben schneiden.

2 Schmelzen Sie die Butter in einem großen Topf. Die Möhren in dieser anbraten und den Topf mit Wasser auffüllen, sodass die Möhren bedeckt sind. Je nach Geschmack Salz und Pfeffer hinzugeben. Für etwa acht Minuten köcheln lassen.

3 Geben Sie die Erbsen in die Suppe und lassen Sie diese 3 - 5 Minuten kochen. Topf vom Herd nehmen.

4 In einer Schüssel die Zutaten für die Gnocchi mischen. Den nun entstandenen Teig durch ein Sieb mit großen Löchern drücken. Die Gnocchi für etwa drei Minuten in Salzwasser kochen. Abgießen und in die Suppe geben.

5 Die Suppe auf sechs tiefe Teller gleichmäßig verteilen.

BROKKOLI-SELLERIE-SUPPE

 4 Port.  25 Min.  Leicht

Zutaten

1 großer Brokkoli
4 Stangen Sellerie
1 Zwiebel
1 EL Olivenöl
500 ml Gemüsebrühe
3 Knoblauchzehen
½ TL Pfeffer
1 TL Meersalz
Thymian
Koriander

Nährwerte p. P.

72 kcal
4 g Kohlenhydrate
4 g Fett
4 g Eiweiß

1 Die Zwiebel fein hacken und das Öl in einen großen Topf geben. Die Zwiebel in diesem anbraten.

2 Brokkoliröschen von Stamm trennen und Sellerie fein hacken. Ebenfalls in den Topf geben und leicht anbraten.

3 Geben Sie die Gemüsebrühe in den Topf. Mit Pfeffer und Salz würzen sowie die Knoblauchzehe in den Topf pressen. Alles für 15 - 20 Minuten zugedeckt köcheln lassen.

4 Pürieren Sie mit einem Pürierstab die Suppe.

5 Auf vier tiefen Tellern mit Thymian und Koriander garniert anrichten.

ASIA-GARNELEN-SUPPE MIT NUDELN

2 Port. 30 Min. Leicht

Zutaten

700 ml Gemüsebrühe
200 g rohe, geschälte Garnelen
30 g Reisnudeln
10 g Ingwer
1 TL Sesamöl
1 EL helles Sesamöl
3 EL Sojasoße
100 g Pak Choi
100 g Radieschen
50 g Mungbohnen-Sprossen
½ Bund Koriander

Nährwerte p. P.

231 kcal
19 g Kohlenhydrate
14 g Fett
6 g Eiweiß

1 Schälen Sie den Ingwer und würfeln Sie ihn fein. Beide Sesamöle in einem großen Topf erhitzen und in diesem den Ingwer 1 - 2 Minuten bei mittlerer Hitze andünsten. Geben Sie die Brühe hinzu und lassen Sie alles aufkochen. Mit Sojasoße würzen. Bei schwacher Hitze die Suppe zugedeckt für zehn Minuten köcheln lassen.

2 Garnelen waschen und dann trockentupfen. Pak Choi und Radieschen waschen. Beides in Streifen schneiden. Alles zur Suppe geben. Für fünf Minuten zugedeckt bei mittlerer Hitze garen. Fügen Sie nach drei Minuten die Reisnudeln hinzu.

3 Waschen Sie die Sprossen in einem Sieb und lassen Sie diese abtrocknen. Koriander waschen und hacken. Die Suppe auf tiefen Tellern verteilen und mit Koriander sowie Sprossen dekorieren.

SÜẞKARTOFFEL-CURRY-SUPPE

4 Port. 30 Min. Leicht

Zutaten

520 g Süßkartoffeln
2 große Zwiebeln
1 EL Kokosöl
1 l Gemüsebrühe
1 Prise Chiliflocken
1 EL Currypulver
Salz

Für das Topping:
100 ml Sahne
1 TL Currypulver
Koriander
Salz

Nährwerte p. P.

269 kcal
37 g Kohlenhydrate
11 g Fett
5 g Eiweiß

1 Kokosöl in einen großen Topf geben und bei mittlerer Stufe erhitzen. Zwiebeln und Süßkartoffeln in mundgerechte Stücke schneiden und in den Topf geben. Schwitzen Sie alles für zwei Minuten an.

2 Topfinhalt mit Chiliflocken und Currypulver bestreuen. Alles mit Gemüsebrühe aufgießen. Würzen Sie je nach Geschmack mit Salz und lassen Sie die Suppe für zwölf Minuten zugedeckt köcheln.

3 Geben Sie das Currypulver zu der Sahne und schlagen Sie diese auf. Bis die Suppe fertig ist, kalt stellen.

4 Die Suppe mit einem Pürierstab glatt pürieren. Mit Salz abschmecken.

5 Verteilen Sie die Suppe in tiefen Tellern und geben Sie jeweils einen großen Löffel des Toppings hinzu. Mit Koriander garnieren.

Fleisch & Geflügel

NUDELN MIT GEMÜSE UND PUTE

4 Port. 20 Min. Leicht

Zutaten

250 g Putenbrust
2 EL Öl
150 g Penne
2 Möhren
1 Zwiebel
100 g TK-Erbsen
150 g Brokkoli
200 ml Gemüsebrühe
100 g Frischkäse
Kräuter nach Geschmack
Salz
Pfeffer

Nährwerte p. P.

633 kcal
70 g Kohlenhydrate
15 g Fett
48 g Eiweiß

1 Kochen Sie die Penne nach Packungsanweisung al dente. Putenbrust in mundgerechte Stücke schneiden und die Zwiebel würfeln.

2 Öl in einer großen Pfanne erhitzen und die Pute darin anbraten. Das Fleisch aus der Pfanne nehmen und die Zwiebel ohne weitere Zugabe von Fett anschwitzen.

3 Schälen Sie die Möhren und schneiden Sie diese in dünne Scheiben. Brokkoliröschen vom Stamm trennen. Erbsen und Brokkoli in die Pfanne geben. Mit Gemüsebrühe aufgießen und alles bei leichter Hitze für etwa zehn Minuten köcheln lassen.

4 Pute, Penne, Kräuter und Frischkäse unterrühren. Schmecken Sie das Gericht mit Salz und Pfeffer ab. Falls Ihnen die Soße nicht flüssig genug ist, können Sie diese mit Brühe oder Wasser verdünnen.

HACKFLEISCHPFANNE MIT QUINOA

4 Port.

30 Min.

Leicht

Zutaten

400 g Hackfleisch (Rind, Schwein oder gemischt)
200 g Quinoa
1 Brokkoli
1 rote Paprika
1 Dose Mais
200 g Magerquark
½ Bund Schnittlauch
2 EL Öl
geräuchertes Paprikapulver
Salz
Pfeffer

Nährwerte p. P.

568 kcal
51 g Kohlenhydrate
26 g Fett
36 g Eiweiß

1 Kochen Sie die Quinoa in Salzwasser nach Packungsanweisung.

2 1 EL Öl in eine große Pfanne geben und das Hackfleisch in diesem krümelig anbraten. Anschließend herausnehmen.

3 Waschen Sie den Brokkoli und entfernen Sie die Röschen. Diese in Scheiben schneiden. Mais über einem Sieb abgießen. Waschen Sie die Paprika und schneiden Sie diese in Streifen.

4 Das restliche Öl in der Pfanne erhitzen und den Brokkoli für etwa fünf Minuten in dieser anbraten. Paprika nach zwei Minuten hinzufügen und mitbraten. Mais hinzugeben und mit Paprikapulver, Salz und Pfeffer abschmecken. Gießen Sie die Quinoa ab und geben Sie diese ebenfalls in die Pfanne.

5 Rühren Sie den Magerquark glatt. Schnittlauch abwaschen und in feine Röhrchen schneiden. Schnittlauch zum Quark geben.

6 Hackfleischpfanne in tiefen Tellern verteilen und zusammen mit dem Schnittlauch-Quark anrichten.

BUDDHA-BOWL MIT PUTENSPIEẞEN

2 Port.

40 Min.

Mittel

Zutaten

200 ml Kokosmilch
250 g Putenbrustfilet
100 g Rotkohl
2 Bio-Limetten
1 EL Sojasoße
2 Möhren
3 EL Olivenöl
2 Schaschlikspieße
2 Stiele Koriandergrün
2 Stiele Minze
2 Knoblauchzehen
½ TL Kurkuma
½ Bio-Gurke
Zucker
Salz
Pfeffer

Nährwerte p. P.

560 kcal
26 g Kohlenhydrate
19 g Fett
35 g Eiweiß

1 Für die Marinade eine Bio-Limette abwaschen, die Schale abreiben, halbieren und den Saft auspressen. Einen Teelöffel Zucker, Pfeffer, Kurkuma, Sojasoße, 150 ml Kokosmilch und Limettenabrieb in einer großen Schüssel verrühren. Putenbrust in Würfel schneiden und in der Marinade wenden. 20 Minuten im Kühlschrank einziehen lassen.

2 Waschen Sie das Gemüse ab und putzen Sie es. Möhren schälen und zusammen mit der Gurke in Spaghetti schneiden. Rotkohl in Streifen schneiden. Kräuter hacken. Die Schale der anderen Limette abreiben und Knoblauch schälen sowie hacken.

3 Restliche Kokosmilch und Limettensaft verrühren. Mit Zucker, Salz und Pfeffer abschmecken. Ein Esslöffel Olivenöl hinzufügen.

4 Nehmen Sie das Fleisch aus der Marinade und ziehen Sie dieses auf die Spieße. Im restlichen Öl für acht Minuten anbraten und salzen.

5 Verteilen Sie das Gemüse in zwei Schüsseln und beträufeln Sie es mit dem Kokos-Limetten-Dressing. Mit Knoblauch und Limettenabrieb verfeinern. Die Putenspieße auf die Bowl geben.

REISAUFLAUF MIT GEMÜSE UND BACON

4 Port.

1 Std. 20 Min.

Mittel

Zutaten

300 g Butternutkürbis
200 g Wildreis
250 g Rosenkohl
2 rote Zwiebeln
8 Scheiben Bacon
4 EL Öl
1 TL gemahlener Kreuzkümmel
1 TL Koriander
1 Prise Zimt
Salz
Pfeffer

Für das Dressing:
6 EL Crème fraîche
1 EL Olivenöl
2 EL Naturjoghurt
1 Bio-Zitrone

Nährwerte p. P.

490 kcal
47 g Kohlenhydrate
25 g Fett
13 g Eiweiß

1 Halbieren Sie den Kürbis und entfernen Sie die Kerne. Schälen Sie ihn und schneiden Sie diesen in Spalten. Äußerste Blätter des Rosenkohls entfernen, putzen und den Strunk kreuzförmig anritzen. Rosenkohl in Salzwasser für fünf Minuten kochen. Aus dem Wasser nehmen und kalt abtropfen.

2 Wildreis in das zuvor benutzte Salzwasser geben und für 30 Minuten garen. Kalt abspülen. Schälen Sie die Zwiebeln und schneiden Sie diese in feine Spalten. Bacon in Streifen schneiden.

3 Heizen Sie den Backofen auf 180 °C Ober- und Unterhitze vor. Bacon und Gemüse in eine Auflaufform geben und mit den Gewürzen verfeinern. Beträufeln Sie den Auflauf mit Olivenöl. Gut vermengen und für 35 Minuten im Ofen backen.

4 Währenddessen die Zitrone abwaschen, die Schale abreiben, halbieren und auspressen. Verrühren Sie den Joghurt, die Crème fraîche, Zitronensaft und den Zitronenabrieb. Rühren Sie das Olivenöl unter und schmecken Sie das Dressing mit Zucker, Salz und Pfeffer ab.

5 Auflauf aus dem Ofen nehmen und kurz abkühlen lassen. Träufeln Sie das Dressing über den Auflauf. In der Form servieren.

HÄHNCHENBRUST MIT BLUMENKOHLREIS UND MÖHREN

4 Port.

30 Min.

Leicht

Zutaten

700 g Hähnchenbrustfilet
200 g Möhren
1 großer Blumenkohl
1 EL Kokosöl
1 Zwiebel
1 EL Knoblauchpulver
2 EL Zitronensaft
1 TL edelsüßes Paprikapulver
1 Prise Kurkuma
1 TL Salz
1 TL Pfeffer
Wasser
2 TL Meersalz
Basilikum

Nährwerte p. P.

310 kcal
12 g Kohlenhydrate
6 g Fett
45 g Eiweiß

1 Hacken Sie die Zwiebel. Erhitzen Sie das Öl in einem großen Topf und dünsten Sie die Zwiebel glasig an. Hähnchenbrust würfeln und hinzufügen. Etwas Wasser hinzugeben und alles unter Rühren für etwa 20 Minuten kochen lassen.

2 Möhren grob reiben. Zusammen mit dem Zitronensaft, 1 TL Salz und den Gewürzen in den Topf geben. Fünf Minuten kochen lassen und vom Herd nehmen.

3 Schneiden Sie den Blumenkohl in Röschen und hacken Sie ihn mit einem Messer, sodass "Reis" entsteht. Geben Sie den Blumenkohl mit 2 EL Wasser in eine Pfanne. Mit Salz abschmecken und zehn Minuten köcheln lassen. Zwischendurch umrühren.

4 Blumenkohlreis mit dem Fleisch anrichten.

NUSS-PUTE

4 Port.

40 Min.

Leicht

Zutaten

600 g Putenbrustfilet
70 g Cashewkerne
2 Möhren
1 Paprika
100 g saure Sahne
200 ml Hühnerbrühe
1 EL Rapsöl
1 Knoblauchzehe
Currypulver
Salz
Pfeffer

Nährwerte p. P.

364 kcal
13 g Kohlenhydrate
16 g Fett
41 g Eiweiß

1 Waschen Sie den Knoblauch, die Möhren sowie die Paprika und schneiden Sie alles klein. Das Putenbrustfilet in mundgerechte Stücke schneiden.

2 In einem großen Topf Rapsöl erhitzen und das Fleisch in diesem anbraten. Geschnittenes Gemüse und Knoblauch hinzugeben. Mit Pfeffer und Salz würzen. Löschen Sie den Inhalt des Topfes mit Brühe ab und lassen Sie diese aufkochen. Geben Sie die Hälfte der Cashewkerne hinzu und lassen Sie alles 15 Minuten köcheln.

3 Die restlichen Cashewkerne mit der Sahne fein pürieren und ebenfalls in den Topf geben. Nach Geschmack mit Currypulver, Salz und Pfeffer würzen.

4 Optional mit gebratenem Reis oder gemischtem Salat servieren.

FRIKADELLEN MIT CHIASAMEN UND HAFERFLOCKEN

 4 Port.  15 Min.  Leicht

Zutaten

500 g Hackfleisch (Rind, Schwein oder gemischt)
2 Knoblauchzehen
2 Eier
1 EL Chiasamen
7 EL Vollkornhaferflocken
1 TL Majoran
1 TL Senf
etwas Öl
Salz
Pfeffer

Nährwerte p. P.

310 kcal
11 g Kohlenhydrate
17 g Fett
27 g Eiweiß

1 Vermengen Sie das Hackfleisch mit den Chiasamen, dem Senf, dem Majoran und den Haferflocken in einer großen Schüssel. Eier aufschlagen und hinzugeben. Knoblauchzehen hacken und ebenfalls in die Schüssel geben. Mit Salz und Pfeffer würzen.

2 Erhitzen Sie das Fett in einer großen Pfanne. Formen Sie aus der Mischung in der Schüssel Frikadellen. Anschließend von jeder Seite 10 - 15 Minuten in der Pfanne anbraten.

3 Frikadellen aus der Pfanne nehmen und auf Tellern verteilen.

4 Dazu kann man Gemüse, Salat oder Kartoffeln servieren.

SCHWEINEFLEISCH MIT GRÜNEN BOHNEN

4 Port.

45 Min.

Leicht

Zutaten

800 g Schweinefleisch
500 g grüne Bohnen
2 Knoblauchzehen
200 ml Gemüsebrühe
1 rote Zwiebel
2 EL Olivenöl
1 TL Tomatenmark
2 TL Harissa
1 EL Zucker
1 Prise Muskatnuss
1 Chilischote
Salz
Pfeffer

Nährwerte p. P.

332 kcal
9 g Kohlenhydrate
10 g Fett
48 g Eiweiß

1 Schneiden Sie die Enden der Bohnen ab und kochen Sie die Bohnen für etwa 15 Minuten in Wasser. Schneiden Sie das Schweinefleisch in Würfel. Knoblauch und Zwiebel schälen und dann fein würfeln.

2 Geben Sie das Olivenöl in eine große Pfanne und erhitzen Sie es. Knoblauch, Zwiebel, Chilischote und Zucker in dem Öl karamellisieren. Schweinefleisch hinzugeben und anbraten. Harissa und Tomatenmark hinzufügen. Mit Salz und Pfeffer würzen. Löschen Sie alles mit Gemüsebrühe ab und lassen Sie alles für 20 - 25 Minuten köcheln.

3 Grüne Bohnen abgießen und nach zehn Minuten zum Fleisch geben. Abschmecken und mit Muskat verfeinern.

PUTEN-HÄPPCHEN MIT SESAM

3 Port. 35 Min. Leicht

Zutaten

250 g Putenbrustfilet
etwas Kokosmehl
1 Ei
5 EL Sesamsamen
2 EL Butter
Salz
Pfeffer
Chili

Nährwerte p. P.

354 kcal
5 g Kohlenhydrate
23 g Fett
29 g Eiweiß

1 Schneiden Sie das Putenbrustfilet in kleine Würfel. Mit Salz und Pfeffer würzen.

2 Geben Sie etwas Kokosmehl in einen tiefen Teller. Pute darin wenden, bis alle Seiten bedeckt sind.

3 Putenbrust herausnehmen. Ei in eine Schüssel geben, aufschlagen und die Putenwürfel darin wenden.

4 Sesamsamen in einen tiefen Teller geben und die Pute hier erneut wenden.

5 Erhitzen Sie in einer Pfanne die Butter und braten Sie die Putenwürfel in dieser bei leichter Hitze an. Der Sesam sollte golden werden.

6 Wahlweise mit Reis, Salat oder Gemüse servieren.

Fisch & Meeresfrüchte

CURRY-WIRSING MIT SEELACHS

 2 Port.

 30 Min.

 Leicht

Zutaten

500 g Wirsingkohl
300 g Seelachsfilet
1 Zwiebel
150 ml Schlagsahne
2 EL Zitronensaft
2 EL Rapsöl
1 TL Currypulver
Salz
Pfeffer

Nährwerte p. P.

491 kcal
9 g Kohlenhydrate
34 g Fett
35 g Eiweiß

1 Entfernen Sie die äußersten Blätter des Wirsings. Den Wirsingkohl längs halbieren und einschließlich des Strunks in Streifen schneiden. Würfeln Sie die Zwiebel.

2 Das Rapsöl in einer großen Pfanne erhitzen und die Zwiebel darin glasig anbraten. Bestäuben Sie diese mit Currypulver. Den Wirsing untermischen und mit Salz sowie Pfeffer abschmecken. Die Sahne hinzugeben und aufkochen. Zugedeckt bei leichter Hitze für acht Minuten garen lassen.

3 Den Fisch halbieren und mit Zitronensaft beträufeln, dann mit Salz und Pfeffer würzen. Setzen Sie den Seelachs auf den Wirsing und lassen Sie das Gericht zugedeckt bei leichter Hitze für zehn Minuten gar ziehen.

FORELLE AUF KARTOFFELN UND PILZEN

2 Port.

25 Min.

Mittel

Zutaten

200 g geräuchertes Forellenfilet
600 g Kartoffeln
500 g Champignons
2 Frühlingszwiebeln
2 EL Sahnemeerrettich
2 Lorbeerblätter
40 g Petersilie
2 EL Rapsöl
2 EL Weinessig
½ TL mildes Currypulver
1 Prise edelsüßes Paprikapulver

Nährwerte p. P.

490 kcal
50 g Kohlenhydrate
14 g Fett
38 g Eiweiß

1 Die Kartoffeln abwaschen und ungeschält in Salzwasser mit den Lorbeerblättern kochen. Die Champignons würfeln und Frühlingszwiebeln in Ringe schneiden. Petersilie hacken.

2 Erhitzen Sie das Rapsöl in einer großen Pfanne und geben Sie die Zwiebeln in diese. Eine Minute anbraten, dann Pilze hinzufügen und weitere drei Minuten braten. Mit Weinessig ablöschen und den Großteil der Petersilie hinzugeben. Mit Currypulver abschmecken.

3 Legen Sie die Forellenfilets in die Pfanne, schalten Sie den Herd aus und lassen Sie alles zugedeckt für fünf Minuten ziehen.

4 Inhalt der Pfanne auf zwei Tellern verteilen. Zusammen mit Kartoffeln und Sahnemeerrettich anrichten. Mit Petersilie und Paprikapulver verfeinern.

VOLLKORN-SPAGHETTI MIT LACHS UND SPINAT

4 Port.

45 Min.

Leicht

Zutaten

500 g Vollkorn-Spaghetti
800 g Rahmspinat
300 g Lachs
50 g Kirschtomaten
50 g Pinienkerne
1 Bund Petersilie
1 EL Rapsöl
Salz
Pfeffer

Nährwerte p. P.

901 kcal
107 g Kohlenhydrate
37 g Fett
41 g Eiweiß

1 Bereiten Sie den Rahmspinat nach Packungsanweisung zu. Kochen Sie Salzwasser in einem großen Topf. Die Vollkorn-Spaghetti nach Packungsanweisung al dente zubereiten.

2 Die Petersilie waschen und fein hacken. Waschen Sie die Kirschtomaten und vierteln Sie diese anschließend. Rösten Sie die Pinienkerne ohne Zugabe von Fett in einer beschichteten Pfanne an.

3 Erhitzen Sie das Rapsöl in einer großen Pfanne und garen Sie den Lachs etwa fünf Minuten durch. Würzen Sie ihn mit Salz sowie Pfeffer und zerteilen Sie ihn in mundgerechte Stücke.

4 Spaghetti abgießen und zwei Esslöffel Nudelwasser auffangen. Geben Sie die Nudeln, den Rahmspinat, das Nudelwasser und die Tomaten zum Lachs. Vermengen Sie alles vorsichtig bei mittlerer Hitze. Mit Salz und Pfeffer abschmecken.

RISOTTO MIT ZANDER

4 Port. 40 Min. Leicht

Zutaten

250 g Risotto-Reis
4 Zanderfilets
2 Schalotten
2 TL geriebene Orangenschale
150 g Bergkäse
125 ml Weißwein
500 ml Gemüsebrühe
5 Stiele Dill
5 Stiele Petersilie
Butter
4 EL + etwas Olivenöl
Zitronensaft
Salz

Nährwerte p. P.

714 kcal
47 g Kohlenhydrate
32 g Fett
53 g Eiweiß

1 Schalotten sowie Kräuter hacken. Etwas Olivenöl in einem großen Topf erhitzen und die Schalotten in diesem andünsten. Den Reis hinzugeben und ebenfalls andünsten. Mit Weißwein ablöschen und einkochen lassen. Den Reis mit Gemüsebrühe bedecken und für 20 Minuten garen.

2 Geben Sie die Kräuter, etwas Butter, den Käse und die Orangenschale hinzu.

3 Die Zanderfilets mit Zitronensaft marinieren und salzen. Vier Esslöffel Olivenöl in einer großen Pfanne erhitzen. Filets von beiden Seiten etwa fünf Minuten anbraten, bis der Fisch durch ist.

4 Risotto servieren und auf jede Portion jeweils ein Zanderfilet geben.

ROSENKOHLPFANNE MIT GEBRATENEM LACHS

7 Port. 30 Min. Mittel

Zutaten

Für den Rosenkohl:
900 g Rosenkohl
3 EL Oliven
½ TL Salz
1 Prise Pfeffer

Für den Lachs:
900 g Lachsfilet ohne Haut
1 EL Olivenöl
3 gehackte Knoblauchzehen
1 EL Oregano
½ TL Salz

Nährwerte p. P.

366 kcal
14 g Kohlenhydrate
19 g Fett
35 g Eiweiß

1 Heizen Sie Ihren Ofen auf 230 °C Ober- und Unterhitze vor. Ein Backblech mit Backpapier auslegen. Vermischen Sie in einer großen Schüssel Rosenkohl, Olivenöl, Salz und Pfeffer.

2 Geben Sie den Rosenkohl auf das Backblech und backen Sie diesen für 15 Minuten im Ofen.

3 Beträufeln Sie den Lachs mit Olivenöl und verteilen Sie auf diesem den Knoblauch. Diesen leicht in jedes Filet eindrücken. Mit Oregano und Salz würzen.

4 Nehmen Sie das Backblech heraus und machen Sie auf diesem Platz für den Lachs. Anschließend alles weitere zehn Minuten im Ofen grillen lassen.

5 Nehmen Sie den Lachs und den Rosenkohl aus dem Ofen und lassen Sie das Blech für zwei Minuten stehen. Dann servieren.

RAUCHIGER KOHL & GARNELEN MIT KÄSIGEM GRIEß

4 Port.

45 Min.

Leicht

Zutaten

700 ml Wasser
175 ml Vollmilch
75 g Grieß
30 g geriebener Parmesan
1 TL Salz
2 Prisen Pfeffer
2 EL Olivenöl
1 gehackte rote Zwiebel
3 in Scheiben geschnittene Knoblauchzehen
1 Dose gehackte Tomaten
3 TL Paprikapulver
900 g in Scheiben geschnittener Kohl
450 g geschälte Garnelen

Nährwerte p. P.

443 kcal
47 g Kohlenhydrate
13 g Fett
38 g Eiweiß

1 Mischen Sie die Milch mit dem Wasser und bringen Sie die Flüssigkeit in einem großen Topf zum Kochen. Grieß hineingeben und glattrühren. Zugedeckt bei niedriger Hitze für 25 Minuten kochen. Vom Herd nehmen.

2 Parmesan, ½ TL Salz und eine Prise Pfeffer unterrühren und abdecken.

3 1 EL Olivenöl in einer großen Pfanne erhitzen. Bei mittlerer Hitze die Zwiebel für etwa drei Minuten anbraten. Knoblauch hinzugeben und eine Minute braten. Tomaten, 2 TL Paprikapulver sowie Pfeffer und das restliche Salz hinzugeben. Kohl nach und nach hineingeben, sodass er zusammenfällt. Für zehn Minuten abgedeckt unter gelegentlichem Rühren kochen. Inhalt in eine Schüssel geben.

4 Restliches Öl in die Pfanne geben und Garnelen zusammen mit dem restlichen Paprikapulver für etwa vier Minuten anbraten.

5 Garnelen zusammen mit dem Kohl und dem Grieß servieren.

POKE-BOWL MIT THUNFISCH

 4 Port.
 30 Min.
 Leicht

Zutaten

1 Bund Frühlingszwiebeln
50 ml Sojasoße
3,5 EL Reisessig
1,5 EL Sesamöl
1 EL geröstete Sesamsamen
2 TL geriebener Ingwer
½ TL Pfeffer
350 g Thunfisch aus der Dose
500 g gekochter Reis
150 g Zuckerschoten
150 g Gurke in Scheiben
Schnittlauch

Nährwerte p. P.

371 kcal
39 g Kohlenhydrate
4 g Fett
26 g Eiweiß

1 Mischen Sie in einer großen Schüssel zerkleinerte Frühlingszwiebeln, 1,5 EL Reisessig, Sojasoße, Öl, Sesamsamen, Pfeffer und Ingwer. 2 EL der Soße in eine kleine Schüssel geben. Thunfisch zur großen Schüssel hinzufügen und vorsichtig schwenken.

2 In einer weiteren großen Schüssel den Reis mit dem restlichen Essig vermischen.

3 Den Reis auf vier Schüsseln verteilen. Auf diesen dann Thunfisch, Zuckerschoten, Gurke sowie Schnittlauch verteilen. Mit der restlichen Soße beträufelt servieren.

WEIẞFISCH MIT KARTOFFELN UND GRÜNEN BOHNEN

2 Port. 15 Min. Leicht

Zutaten

2 Weißfischfilets
6 kleine Kartoffeln
200 g getrimmte grüne Bohnen
1 EL gehackte Petersilie
2 EL Olivenöl
3 EL Weizenvollkornmehl
1 TL Salz
Pfeffer

Für die Soße:
80 ml Weißwein
125 ml Wasser
2 EL Zitronensaft
2 EL Butter
1 EL Kapern
Salz
Pfeffer

Nährwerte p. P.

438 kcal
33 g Kohlenhydrate
30 g Fett
18 g Eiweiß

1 Garen Sie die Kartoffeln für zwei Minuten in der Mikrowelle von beiden Seiten. Anschließend mit der Seite eines Messers die Kartoffeln flach zerdrücken und mit Salz bestreuen.

2 Auf einem Teller Salz, Pfeffer und Mehl mischen. Den Fisch in dieser Mischung wenden. Erhitzen Sie das Öl in einer Pfanne. Fisch sowie Kartoffeln in dieser bei starker Hitze anbraten. Den Fisch nach 1 - 2 Minuten umdrehen. Beides aus der Pfanne nehmen.

3 Hitze reduzieren und Wasser sowie Wein in die Pfanne geben. Klebende Stücke von der Pfanne kratzen und alles aufköcheln. Bohnen hinzufügen. Nach 1 – 2 Minuten die Bohnen herausnehmen.

4 Geben Sie den Zitronensaft, die Butter und Kapern in die Pfanne. Schmecken Sie die Soße mit Salz und Pfeffer ab.

5 Die Bohnen auf den Tellern verteilen und Kartoffeln hinzugeben. Jeweils ein Fischfilet auf einen Teller legen und die Soße darübergeben. Mit Petersilie servieren.

AVOCADO-KABELJAU-TACOS

4 Port. 15 Min. Leicht

Zutaten

450 g Kabeljau ohne Haut
2 TL Olivenöl
8 kleine Maistortillas
1 Limette
2 reife Avocados
2 EL gehackter Schnittlauch
Salz
Pfeffer

Nährwerte p. P.

633 kcal
61 g Kohlenhydrate
28 g Fett
33 g Eiweiß

1 Würzen Sie den Kabeljau mit Salz und Pfeffer und geben Sie einen Teelöffel Olivenöl über diesen. Etwas ziehen lassen.

2 Das restliche Öl in einer Pfanne erhitzen und den Fisch in diesem auf jeder Seite jeweils vier Minuten garen. Limettensaft über den Kabeljau geben und dann aus der Pfanne nehmen.

3 Halbieren Sie die Avocado und entfernen Sie den Kern. Das Fruchtfleisch zusammen mit dem Schnittlauch in eine kleine Schüssel geben. Avocado zerdrücken und gut vermischen. Mit Limettensaft, Salz und Pfeffer würzen.

4 Die Tortillas in die Pfanne ohne weitere Zugabe von Fett geben und von beiden Seiten kurz anbraten, sodass sie braun werden.

5 Den Fisch in mundgerechte Stücke schneiden. Verteilen Sie die Avocado gleichmäßig auf den Tortillas und geben Sie dann die Fischstücke in diese.

6 Optional mit scharfer Soße oder Koriander servieren.

Vegetarisch

GEFÜLLTE PAPRIKA

4 Port.

1 Std.

Leicht

Zutaten

4 Paprika
250 g Couscous
500 g Blattspinat
150 g Feta
300 ml Gemüsebrühe
1 Knoblauchzehe
1 Zwiebel
1 EL Rapsöl
Chiligewürz
Salz
Pfeffer

Nährwerte p. P.

354 kcal
5 g Kohlenhydrate
23 g Fett
29 g Eiweiß

1 Bereiten Sie den Couscous nach Packungsanweisung zu. Heizen Sie währenddessen den Ofen auf 200 °C Ober- und Unterhitze vor.

2 Die Paprika waschen, den oberen Teil sowie die Kerne entfernen. Spinat waschen und schleudern. Zwiebel sowie Knoblauch schälen, anschließend hacken.

3 Erhitzen Sie das Rapsöl in einer Pfanne und schwitzen Sie in dieser den Knoblauch, die Zwiebel und den Spinat an. Mit Chiligewürz, Salz und Pfeffer würzen. Wenn der Spinat zusammenfällt, Pfanne vom Herd nehmen.

4 Den Feta fein zerbröseln und zusammen mit dem Couscous zum Spinat geben. Diese Masse gleichmäßig in die vier Paprika füllen.

5 Stellen Sie die Paprika nebeneinander in eine Auflaufform und gießen Sie die Gemüsebrühe an. Die Paprika für 20 - 30 Minuten im Ofen garen.

6 Optional mit zusätzlichem Salat oder Brot servieren.

MEDITERRANE BULETTEN

4 Port. 50 Min. Mittel

Zutaten

200 g Grünkernschrot
40 g getrocknete Tomaten
1 Ei
6 EL italienischer Hartkäse
1 Knoblauchzehe
1 EL Butterschmalz
2 EL Semmelbrösel
2 EL Rosmarin
450 ml Gemüsebrühe
Salz
Pfeffer

Nährwerte p. P.

286 kcal
36 g Kohlenhydrate
10 g Fett
10 g Eiweiß

1 Würfeln Sie die Tomaten. Kochen Sie die Gemüsebrühe auf und geben Sie die Tomaten, den Grünkernschrot und den Rosmarin hinein. Alles für 15 - 20 Minuten kochen lassen. Abgießen und abkühlen lassen.

2 Knoblauchzehe pressen und mit Käse, Ei sowie Semmelbrösel vermischen. Grünkern dazugeben und mit Salz sowie Pfeffer würzen. Alles mit feuchten Händen zu acht Buletten formen. Masse gut festdrücken.

3 Erhitzen Sie das Butterschmalz in einer Pfanne und braten Sie die Buletten in dieser von jeder Seite jeweils drei Minuten.

4 Beispielsweise mit Ricotta und Salat servieren.

REISPFANNE MIT FRÜHLINGSGEMÜSE

1 Port.

40 Min.

Mittel

Zutaten

150 g Naturreis
150 g Möhren
1 Kohlrabi
1 Zwiebel
75 g fettarmer Frischkäse
½ Bund Schnittlauch
1 TL Butter
125 ml Gemüsebrühe
Salz
Pfeffer

Nährwerte p. P.

350 kcal
53 g Kohlenhydrate
8 g Fett
17 g Eiweiß

1 Den Reis nach Packungsanweisung in Salzwasser kochen.

2 Schälen und würfeln Sie währenddessen die Möhren, Kohlrabi und Zwiebel. Geben Sie das gewürfelte Gemüse zusammen mit der Butter in eine große Pfanne und dünsten Sie es an. Die Gemüsebrühe hinzugeben und alles je nach Geschmack mit Salz und Pfeffer würzen. Zugedeckt für etwa acht Minuten köcheln lassen.

3 Den gegarten Reis und den Frischkäse unterrühren und erneut aufkochen. Der Frischkäse soll vollständig schmelzen.

4 Schneiden Sie den Schnittlauch in feine Röllchen.

5 Die Reispfanne mit Schnittlauch garniert servieren.

QUICHE MIT TOMATEN UND SPINAT

 4 Port.  2 Std.  Mittel

Zutaten

Für den Teig:
200 g Weizenvollkornmehl
50 g Butter
1 Ei
30 g Rapsöl
½ TL Salz

Für die Füllung:
350 g Spinat
½ Zwiebel
200 g Kirschtomaten
3 Eier
100 g Kichererbsen aus dem Glas
100 ml Milch
1 EL Rapsöl
Muskatnuss
Salz
Pfeffer

Nährwerte p. P.

507 kcal
39 g Kohlenhydrate
29 g Fett
18 g Eiweiß

1 Vermischen Sie alle Zutaten für den Teig und kneten Sie daraus einen glatten Teig. Lassen Sie diesen für 30 Minuten ruhen. Den Backofen auf 180 °C Ober- und Unterhitze vorheizen.

2 Den Spinat waschen und abtropfen lassen. Zwiebel würfeln. Rapsöl in eine Pfanne geben und die Zwiebel in dieser glasig anbraten. Spinat hinzufügen. Halbieren Sie die Kirschtomaten und lassen Sie sie abtropfen. Die Eier mit der Milch verquirlen und mit den Gewürzen verfeinern.

3 Nehmen Sie den Teig aus dem Kühlschrank und kleiden Sie eine Quiche-Form damit aus. Mit einer Gabel vorsichtig einstechen.

4 Die Spinatmasse auf dem Quiche-Teig verteilen, die Kichererbsen darauf verteilen und die Ei-Milch-Mischung darübergeben. Geben Sie die Kirschtomaten dazu und drücken Sie diese leicht in die Füllung.

5 Backen Sie die Quiche für etwa eine Stunde im Ofen und servieren Sie diese heiß.

CALZONE

1 Port.

40 Min.

Mittel

Zutaten

Für den Teig:
60 g Dinkelvollkornmehl
3 Eier
1 Prise Oregano
½ TL Salz

Für die Füllung:
50 g Champignons
70 g Schinkenwürfel
30 g Tomatenpüree
30 g Mais
30 g geriebener Mozzarella
1 EL Wasser

Nährwerte p. P.

626 kcal
51 g Kohlenhydrate
23 g Fett
50 g Eiweiß

1 Vermischen Sie alle Zutaten für den Teig. Eine Kuchenform mit Backpapier auslegen. Den Teig in die Kuchenform gießen. Backen Sie den Teig für 20 Minuten im Backofen bei 190 °C Ober- und Unterhitze. Nach zehn Minuten herausnehmen und mit einer Gabel mehrmals in den Teig stechen. Den Teig nach weiteren zehn Minuten herausnehmen.

2 Verteilen Sie das Tomatenpüree auf dem Calzone-Teig. Die Champignons fein hacken. Diese zusammen mit dem Mais, den Schinkenwürfeln, dem Käse und dem Mais auf einer Hälfte des Teiges verteilen.

3 Klappen Sie die Calzone zusammen und backen Sie diese für weitere zehn Minuten bei 190 °C im Backofen.

4 Heiß servieren. Dazu passt beispielsweise ein gemischter Salat.

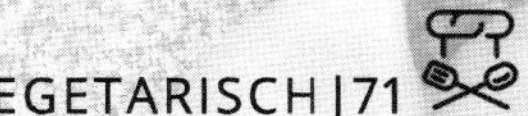

VEGETARISCHE ENCHILADAS

4 Port. 40 Min. Leicht

Zutaten

2 gehackte Zwiebeln
1 TL Olivenöl
280 g geraspelte Möhren
2 TL Chilipulver
800 g gehackte Tomaten aus der Dose
400 g Linsen aus der Dose
400 g Kidneybohnen aus der Dose
6 kleine Vollkorntortillas
200 g fettarmer Joghurt
50 g geriebener Cheddar

Nährwerte p. P.

430 kcal
60 g Kohlenhydrate
13 g Fett
23 g Eiweiß

1 Erhitzen Sie das Öl in einer großen Pfanne. In diesem die Zwiebeln und Möhren für fünf Minuten anbraten. Chili hinzugeben und eine Minute weiterbraten. Tomaten, Kidneybohnen und Linsen hinzugeben. Bei leichter Hitze für 5 - 10 Minuten unter gelegentlichem Rühren kochen. Anschließend vom Herd nehmen.

2 Heizen Sie Ihren Backofen auf 180 °C Ober- und Unterhitze vor.

3 Das Chili auf dem Boden einer Auflaufform verteilen. In jeden Tortilla etwas Chili geben und in die Form geben. Restliches Chili darauf verteilen.

4 Den Joghurt mit dem Cheddar in einer Schüssel vermischen und über die Enchiladas geben.

5 Für etwa fünf Minuten in den Backofen geben, bis sie goldgelb sind.

6 Optional mit Salat servieren.

KÜRBIS-KOHL-GRATIN

 4 Port.  20 Min.  Leicht

Zutaten

400 g Hokkaido
1 kg Kartoffeln
2 EL Öl
200 g Spitzkohl
200 g Blumenkohlröschen
100 g Kochschinken
500 ml Milch
120 g Kräuterfrischkäse
400 ml Gemüsebrühe
2 rote Zwiebeln
2 EL Vollkornmehl
100 g geriebener Bergkäse
40 g Kürbiskerne
Muskatnuss
gehackte Petersilie
Salz, Pfeffer

Nährwerte p. P.

575 kcal
50 g Kohlenhydrate
22 g Fett
34 g Eiweiß

1 Heizen Sie den Backofen auf 180 °C Ober- und Unterhitze vor. Kochen Sie die Kartoffeln, bis sie weicher sind, pellen Sie diese und schneiden Sie sie in Scheiben. Hokkaido würfeln. Zusammen mit Blumenkohlröschen in der Brühe für etwa fünf Minuten garen. Anschließend abgießen, aber die Brühe auffangen.

2 Schneiden Sie die Zwiebeln, den Schinken und den Spitzkohl in Streifen. Kartoffeln, Blumenkohl, Kürbis, Spitzkohl sowie Schinken in einer Gratinform schichten.

3 Das Öl in einer Pfanne erhitzen und die Zwiebeln darin andünsten. Mehl hinzugeben und anschwitzen. Brühe, Milch und die Gewürze hinzufügen. Aufkochen lassen und Frischkäse hinzugeben. Den Frischkäse schmelzen lassen, sodass eine Soße entsteht.

4 Die Soße in die Gratinform geben. Mit dem geriebenen Bergkäse bestreuen. Das Gratin in den Backofen geben und für 25 Minuten backen lassen. Nach zehn Minuten die Kürbiskerne auf dem Gratin verteilen.

5 Mit Petersilie garniert servieren.

QUINOA-BOWL MIT KIMCHI UND EI

2 Port.

15 Min.

Leicht

Zutaten

350 g gekochte Quinoa
200 g gehackter Kimchi
2 TL Kimchi-Saft
1 TL scharfe Soße
400 g gehackter Grünkohl
2 Eier
1 TL Knoblauch
2 TL Sojasoße
2 EL Sesamöl
½ Bund Frühlingszwiebeln
Pfeffer

Nährwerte p. P.

359 kcal
46 g Kohlenhydrate
12 g Fett
17 g Eiweiß

1 Erhitzen Sie das Öl in einer großen Pfanne bei mittlerer Hitze. Knoblauch und Ingwer in dieser eine Minute anbraten. Quinoa sowie Kimchi hinzugeben und für etwa drei Minuten kochen. Sojasoße, scharfe Soße und Kimchi-Saft hineingeben. Gelegentlich umrühren und bei geringer Hitze leicht köcheln lassen.

2 Die Eier so kochen, dass das Eigelb fest ist. Den Grünkohl in heißem Wasser für eine Minute dämpfen.

3 Auf zwei Tellern den Grünkohl und die Kimchi-Quinoa-Mischung verteilen. Das Ei zerkleinern und darübergeben und mit Frühlingszwiebeln sowie Pfeffer garniert servieren.

ERBSEN-SPINAT-CARBONARA

4 Port. 20 Min. Leicht

Zutaten

3 Eigelb
1 Ei
250 g Tagliatelle
1 EL Öl
70 g Pankomehl
8 EL geriebener Parmesan
½ TL Pfeffer
1 Prise Salz
250 g Babyspinat
140 g Erbsen

Nährwerte p. P.

430 kcal
54 g Kohlenhydrate
15 g Fett
20 g Eiweiß

1 Kochen Sie zwei Liter Wasser in einem Topf. Währenddessen das Öl in einer großen Pfanne erhitzen. Knoblauch und Pankomehl bei mittlerer Hitze für etwa zwei Minuten rösten. Aus der Pfanne nehmen und in eine Schüssel geben. Mit zwei Esslöffel Parmesan vermischen

2 In einer weiteren Schüssel den restlichen Parmesan mit dem Eigelb, dem Ei sowie Pfeffer und Salz verquirlen.

3 Die Tagliatelle in das kochende Wasser geben. Lassen Sie diese für eine Minute kochen, fügen Sie dann die Erbsen und Spinat hinzu. Das Ganze kochen lassen, bis die Nudeln weich werden. Anschließend abgießen, aber 50 ml des Kochwassers auffangen.

4 Rühren Sie das Kochwasser langsam unter die Eiermasse. Diese nach und nach zu den Nudeln geben und alles gut vermischen.

5 Mit der Pankomischung servieren.

Vegan

VEGANE LINSENBOLOGNESE

4 Port.

55 Min.

Mittel

Zutaten

120 g rote Linsen
1 Dose gestückelte Tomaten
1 Knoblauchzehe
1 Zwiebel
2 Stangen Staudensellerie
1 Möhre
50 ml Weißwein
1 EL Tomatenmark
2 EL Olivenöl
600 ml Wasser
2 EL Oregano
2 EL Petersilie
Salz
Pfeffer

Nährwerte p. P.

661 kcal
114 g Kohlenhydrate
10 g Fett
27 g Eiweiß

1 Würfeln Sie das gesamte Gemüse und pressen Sie den Knoblauch. Erhitzen Sie in einem Topf das Olivenöl. Das Gemüse etwa zehn Minuten unter Rühren anbraten und den Knoblauch dazugeben. Für weitere zwei Minuten anbraten.

2 Mit Salz würzen und Tomatenmark unterrühren. Drei Minuten rösten, zwischendurch umrühren. Löschen Sie mit Weißwein ab und lassen Sie diesen einköcheln. Wasser und Dosentomaten hinzufügen. Mit Oregano, Salz und Pfeffer würzen. Den Inhalt für etwa zehn Minuten zugedeckt bei leichter Hitze köcheln lassen.

3 Geben Sie die Linsen hinzu, rühren Sie gut um und lassen Sie alles zugedeckt für weitere 20 Minuten kochen. Mit Petersilie garniert servieren.

LINSENCURRY

4 Port. 45 Min. Mittel

Zutaten

300 g Belugalinsen
1 Dose stückige Tomaten
1 Süßkartoffel
1 Möhre
5 g Ingwer
1 Zwiebel
1 Knoblauchzehe
1 Dose Kokosmilch
550 ml Gemüsebrühe
3 EL Kokosöl
1,5 EL rote Currypaste
2 EL Limettensaft
Salz
Pfeffer

Nährwerte p. P.

636 kcal
79 g Kohlenhydrate
28 g Fett
23 g Eiweiß

1 Schälen und hacken Sie den Knoblauch, den Ingwer und die Zwiebel. Die Möhre schälen und würfeln. Das Kokosöl in einem großen Topf erhitzen und die zuvor genannte Zutaten für 1 - 2 Minuten in diesem andünsten. Geben Sie die Currypaste hinzu, lassen Sie diese kurz anschwitzen und fügen Sie die Belugalinsen hinzu.

2 Mit Kokosmilch, Dosentomaten und 200 ml Gemüsebrühe ablöschen. Alles aufkochen lassen und für 30 Minuten bei leichter Hitze unter gelegentlichem Rühren köcheln lassen. Nach und nach den Rest der Brühe hinzugeben.

3 Schälen und würfeln Sie die Süßkartoffel. Nach zehn Minuten der Kochzeit in den Topf geben.

4 Würzen Sie das Curry mit Salz, Pfeffer und dem Limettensaft.

SCHUPFNUDELPFANNE MIT TOFU UND SAUERKRAUT

2 Port.

30 Min.

Leicht

Zutaten

200 g Räuchertofu
400 g Schupfnudeln
300 g Sauerkraut
200 g Champignons
1 kleiner Apfel
1 EL Rapsöl
Petersilie
Kümmel
Salz
Pfeffer

Nährwerte p. P.

665 kcal
89 g Kohlenhydrate
18 g Fett
33 g Eiweiß

1 Geben Sie das Sauerkraut mit etwas Wasser in einen Topf und lassen Sie dieses aufkochen. Für 20 - 25 Minuten köcheln lassen.

2 Den Räuchertofu würfeln. Das Rapsöl in einer Pfanne erhitzen und in dieser den Tofu kurz anbraten. Geben Sie die Schupfnudeln dazu und braten Sie diese mit.

3 Schneiden Sie den Apfel in mundgerechte Stücke und geben Sie diesen zusammen mit dem Sauerkraut und den Champignons in die Pfanne. Mit Kümmel, Salz und Pfeffer abschmecken.

4 Mit Petersilie verfeinert servieren.

KARTOFFEL-QUINOA-EINTOPF MIT WIRSING

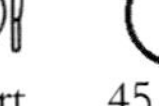

4 Port. 45 Min. Leicht

Zutaten

700 g Kartoffeln
80 g Quinoa
400 ml Hafermilch
1 Zwiebel
1 Knoblauchzehe
500 g Wirsing
500 ml Gemüsebrühe
2 EL Olivenöl
1 Handvoll Petersilie
Salz
Pfeffer

Nährwerte p. P.

665 kcal
89 g Kohlenhydrate
18 g Fett
33 g Eiweiß

1 Knoblauch und Zwiebel fein würfeln. Olivenöl in einem großen Topf erhitzen, Knoblauch und Zwiebel darin anschwitzen. Schneiden Sie die Kartoffeln in mundgerechte Stücke und geben Sie diese ebenfalls in den Topf. Kurz anbraten.

2 Gemüsebrühe sowie Hafermilch hinzugeben. Quinoa waschen, Petersilie fein hacken und beides in den Topf geben. Das Ganze aufkochen lassen und für zehn Minuten zugedeckt bei leichter Hitze köcheln lassen.

3 Schneiden Sie den Wirsing in Streifen und geben Sie ihn ebenfalls in den Topf. Für weitere 25 Minuten köcheln lassen.

4 Mit Salz und Pfeffer abgeschmeckt servieren.

TOMATEN-CURRY MIT KICHERERBSEN

 2 Port.

 30 Min.

 Leicht

Zutaten

400 g Kichererbsen aus dem Glas
1 rote Paprika
1 gelbe Paprika
200 g grüner Spargel
200 g Champignons
200 g Tomaten
100 ml Gemüsebrühe
200 ml Kokosmilch
1 EL Kokosöl
1 rote Zwiebel
1 Knoblauchzehe
1 TL Zucker
1 TL Paprikapulver
2 TL Curry
½ TL Kurkuma

Nährwerte p. P.

572 kcal
48 g Kohlenhydrate
29 g Fett
20 g Eiweiß

1 Waschen Sie das gesamte Gemüse und schneiden Sie alles außer die Tomaten in mundgerechte Stücke. Die Tomaten von dem Strunk entfernen und halbieren. Knoblauch und Zwiebel schälen und würfeln. Gießen Sie die Kichererbsen ab.

2 Erhitzen Sie das Kokosöl in einem großen Topf. Knoblauch und Zwiebel darin glasig andünsten. Gewürze und Tomaten hinzufügen. Kurz mitrösten, dann mit der Gemüsebrühe ablöschen.

3 Das Gemüse und die Kichererbsen hinzufügen. Kokosmilch dazugießen und zehn Minuten köcheln lassen.

4 Mit Curry, Salz und Pfeffer abschmecken. Nach Wunsch kann auch noch Koriander oder Limettensaft hinzugefügt werden.

CHILI SIN CARNE MIT QUINOA

4 Port.

45 Min.

Leicht

Zutaten

125 g Quinoa
2 Dosen passierte Tomaten
1 Dose schwarze Bohnen
2 rote Paprika
1 Dose Mais
3 Knoblauchzehen
1 Zwiebel
2 TL Paprikapulver
1 Limette
1 EL Rapsöl
Salz
Pfeffer

Nährwerte p. P.

513 kcal
85 g Kohlenhydrate
7 g Fett
24 g Eiweiß

1 Quinoa nach Packungsanweisung zubereiten. Erhitzen Sie das Rapsöl in einem großen Topf, gehackten Knoblauch und gewürfelte Zwiebel darin andünsten. Waschen Sie die Paprika und schneiden Sie diese in mundgerechte Stücke. In die Pfanne geben. Mit Salz, Pfeffer und Paprikapulver würzen.

2 Alles mit den passierten Tomaten ablöschen. Lassen Sie alles für etwa 15 Minuten köcheln.

3 Schwarze Bohnen und Mais abschütten und ebenfalls in den Topf geben. Weitere 15 Minuten bei leichter Hitze köcheln lassen. Quinoa unterrühren.

4 Limette halbieren und mit dieser garnieren, anschließend servieren.

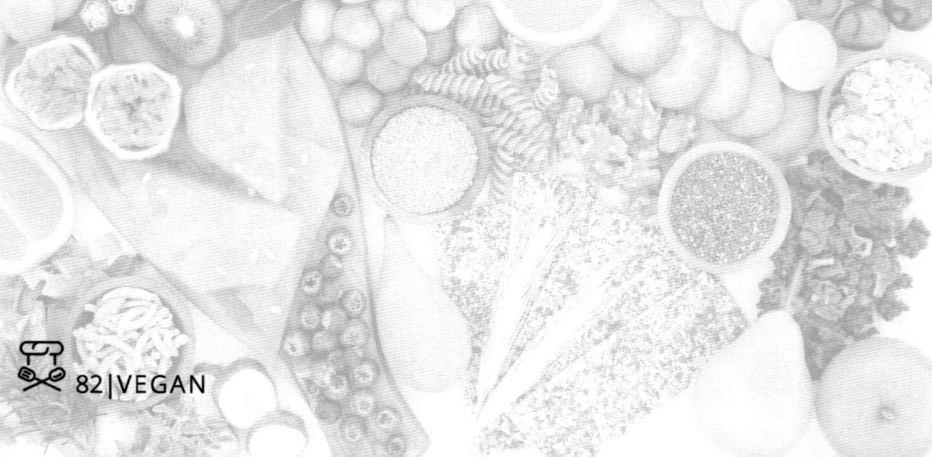

ZAALOUK

2 Port.

55 Min.

Mittel

Zutaten

2 Auberginen
2 Tomaten
2 Knoblauchzehen
3 EL Olivenöl
1 TL Paprikapulver
1 TL Tomatenmark
½ Bund Koriander
½ Bund Petersilie
Salz
Pfeffer

Nährwerte p. P.

318 kcal
14 g Kohlenhydrate
23 g Fett
7 g Eiweiß

1 Stechen Sie die Auberginen rundherum mit einer Gabel ein. Anschließend für 45 Minuten im Backofen bei 240 °C Ober- und Unterhitze grillen. Zwischendurch wenden.

2 Die Auberginen in einen Plastikbeutel geben und in diesem auskühlen lassen. Anschließend aus der Tüte herausnehmen und den Strunk sowie die Haut vom Fruchtfleisch vorsichtig entfernen.

3 Die Haut der Tomaten leicht einschneiden und in eine Schüssel geben. Mit kochendem Wasser übergießen und ziehen lassen. Die Tomatenhaut anschließend abziehen. Auberginen und Tomaten hacken. Würfeln Sie den Knoblauch und hacken Sie den Koriander sowie die Petersilie.

4 Alle Zutaten zusammen mit Olivenöl, Paprikapulver, Salz und Pfeffer in eine Pfanne geben. Alles bei leichter Hitze für 20 Minuten zugedeckt köcheln lassen. Tomatenmark hinzufügen und alles ein wenig zerstampfen.

5 Beispielsweise mit Brot servieren.

KICHERERBSEN-COUSCOUS-PFANNE

4 Port. 25 Min. Leicht

Zutaten

480 g Kichererbsen aus der Dose
250 g Couscous
3 Zucchini
1 Zitrone
600 ml Wasser
1 EL Gemüsebrühe
2 EL Olivenöl
1 TL Salz
2 Knoblauchzehen
1 rote Zwiebel

Nährwerte p. P.

443 kcal
71 g Kohlenhydrate
7 g Fett
21 g Eiweiß

1 Geben Sie den Couscous in einen Topf und beträufeln Sie diesen mit einem Esslöffel Olivenöl. Kochen Sie das Wasser auf und geben Sie es mit der Gemüsebrühe über den vorbereiteten Couscous. Für zehn Minuten zugedeckt quellen lassen.

2 Knoblauch und Zwiebel schälen und hacken. Vierteln Sie die Zucchini der Länge nach und schneiden Sie diese in kleine Stücke. Das restliche Olivenöl in einer Pfanne erhitzen, Zwiebel und Knoblauch in diesem anbraten. Die Zucchini hinzufügen und mitbraten.

3 Couscous in die Pfanne geben und die Kichererbsen nach dem Abschütten ebenfalls hinzufügen.

4 Mit Zitronenabrieb sowie -saft abgeschmeckt servieren.

GEBRATENER BROKKOLI MIT ERDNUSSSOẞE

6 Port.

15 Min.

Leicht

Zutaten

550 g Brokkoliröschen
2 EL Sesamöl
150 g rote Paprika, in Würfeln
1 gelbe Zwiebel
3 Knoblauchzehen
3 EL Erdnussbutter
2,5 EL Sojasoße
2 EL Reisessig
1 EL brauner Zucker
1 TL Maisstärke
1 EL geröstete Sesamsamen

Nährwerte p. P.

154 kcal
12 g Kohlenhydrate
10 g Fett
6 g Eiweiß

1 Bringen Sie 250 ml Wasser in einem Topf zum Kochen. Den Brokkoli hineingeben und für etwa vier Minuten kochen lassen.

2 Öl in einer großen Pfanne erhitzen. Bei mittlerer Hitze Paprika, gehackte Zwiebel und gepressten Knoblauch etwa drei Minuten unter Rühren anbraten. Brokkoli hinzufügen und weitere drei Minuten unter Rühren braten.

3 Verrühren Sie in einer kleinen Schüssel Erdnussbutter, Essig, Sojasoße, braunen Zucker und Maisstärke.

4 Rühren Sie die Soße unter das Gemüse und lassen Sie diese köcheln, bis sie andickt.

5 Mit Sesamsamen garniert servieren.

Fingerfood/Snacks

LACHSROLLEN

4 Port. 25 Min. Schwer

Zutaten

Für den Teig:
2 Eier, Größe M
100 ml Milch
20 g Flohsamenschalen
40 g Haferkleie
1 Prise Salz

Für die Füllung:
200 g Räucherlachs in Scheiben

Für die Creme:
50 g Frischkäse
100 g Kirschtomaten, fein gewürfelt
25 g griechischer Joghurt
1 TL Dill
2 TL Zitronensaft
50 g rote Zwiebel, gewürfelt
Salz
Pfeffer

Nährwerte p. P.

243 kcal
9 g Kohlenhydrate
14 g Fett
17 g Eiweiß

1 Heizen Sie den Backofen auf 175 °C Umluft vor. Verrühren Sie Milch, Eier, Flohsamenschalen, Haferkleie und Salz. Verstreichen Sie den Teig auf ein mit Backpapier belegtes Blech auf einer 28 cm x 28 cm Fläche.

2 Den Teig für 10 - 12 Minuten im Backofen backen und dann auskühlen lassen. Das Backpapier vorsichtig vom Teig lösen.

3 Alle Zutaten für die Creme verrühren und mit Salz sowie Pfeffer abschmecken. Den Räucherlachs auf dem Teig verteilen und die Creme darübergeben.

4 Rollen Sie den Teig nun vorsichtig auf und schneiden Sie ihn in dicke Scheiben. Es sollten Röllchen entstehen, die man gut mit den Fingern essen kann.

5 Als Fingerfood anrichten.

GEMÜSE-MUFFINS MIT DINKEL

4 Port. 40 Min. Mittel

Zutaten

200 g Dinkelvollkornmehl
1 rote Paprika
2 Frühlingszwiebeln
150 g Magerquark
1 Ei, Größe L
2 TL Backpulver
35 g geriebener Emmentaler
60 ml Milch
2 EL Olivenöl
½ TL Natron
Salz
Pfeffer

Nährwerte p. P.

215 kcal
34 g Kohlenhydrate
3 g Fett
12 g Eiweiß

1 Schneiden Sie die Frühlingszwiebeln und Paprika in kleine Stücke. Olivenöl in einer Pfanne erhitzen und die Frühlingszwiebeln sowie die Paprika für fünf Minuten bei mittlerer Hitze andünsten. Die Pfanne vom Herd nehmen.

2 Den Backofen auf 200 °C Ober- und Unterhitze vorheizen. Vermischen Sie in einer großen Schüssel Milch, Quark und das Ei. Gemüse aus der Pfanne und Käse hinzufügen. Mit Salz und Pfeffer würzen.

3 In einer weiteren Schüssel Natron, Backpulver und Mehl vermischen. Diese Masse dann zur Quarkmasse hinzugeben.

4 Legen Sie eine Muffinform mit Papierförmchen aus, diese leicht einfetten. Den Teig hineingeben. Einen Teelöffel in Wasser tauchen und mit diesem den Teig möglichst glattstreichen. Für 25 Minuten im Ofen backen.

5 Etwas abkühlen lassen und servieren.

KROKETTEN AUS BLUMENKOHL MIT KÄSE

12 Port.

55 Min.

Leicht

Zutaten

400 g Blumenkohl
1 Ei
60 g geriebener Mozzarella
45 g Mandelmehl
½ Zwiebel
1 TL Flohsamenschalen
Olivenöl
Salz
Pfeffer

Nährwerte p. P.

52 kcal
2 g Kohlenhydrate
3 g Fett
5 g Eiweiß

1 Heizen Sie den Backofen auf 180 °C Ober- und Unterhitze vor. Blumenkohl in kleine Röschen teilen. In Wasser kochen, sodass sie weich werden. Anschließend zerstampfen sowie auskühlen lassen.

2 Hacken Sie die Zwiebel fein und geben Sie diese zusammen mit allen anderen Zutaten zum Blumenkohl. Gut vermischen, mit Salz sowie Pfeffer würzen und alles etwas ziehen lassen.

3 Jeweils einen Esslöffel vom Teig nutzen, um eine Krokette zu formen. Ein Backblech mit Backpapier auslegen und die Kroketten auf dieses legen. Mit Olivenöl einpinseln.

4 Für 25 Minuten im Ofen backen. Wenden Sie die Kroketten, nachdem die halbe Backzeit verstrichen ist.

5 Zum Snacken mit Dips servieren.

CHIPS AUS WIRSING

4 Port. 15 Min. Leicht

Zutaten

1 Wirsingkohl
1 EL Limettensaft
1 EL Olivenöl
½ TL Harissapulver
Salz

Nährwerte p. P.

92 kcal
8 g Kohlenhydrate
3 g Fett
7 g Eiweiß

1 Heizen Sie den Backofen auf 180 °C Ober- und Unterhitze vor. Die äußeren Blätter des Wirsings entfernen. Waschen Sie den Wirsing und entfernen Sie den Strunk. Blätter abzupfen und in dünne Stücke zerteilen.

2 Den Wirsing in eine Schüssel geben und Olivenöl, Limettensaft, Salz und Harissapulver darübergeben. Leicht mit den Händen einmassieren.

3 Ein Backblech mit Backpapier auslegen und die Wirsingblätter auf diesem verteilen. Für etwa acht Minuten im Backofen backen.

4 Chips in eine Schüssel geben und mit verschiedenen Dips servieren.

SELBSTGEMACHTE HAFERKEKSE

15 Port. 25 Min. Leicht

Zutaten

200 g kernige Haferflocken
75 g Margarine
30 g Weizenvollkornmehl
60 g Zucker
1 Banane
1 Prise Salz
1 TL Zimt
1 Messerspitze Natron (alternativ Backpulver)

Nährwerte p. P.

129 kcal
17 g Kohlenhydrate
5 g Fett
3 g Eiweiß

1 Geben Sie die Margarine in einen Topf und erwärmen Sie diese, bis sie geschmolzen ist.

2 Margarine in eine große Schüssel geben und Zucker sowie Mehl hinzugeben. Die Zutaten miteinander vermischen. Zerdrücken Sie die Banane auf einem kleinen Teller und fügen Sie diese hinzu. Anschließend Salz, Zimt und Natron hinzugeben. Heben Sie die Haferflocken unter und verrühren Sie alles gut miteinander.

3 Ein Backblech mit etwas Margarine einfetten und aus dem Teig etwa 15 kleine Kleckse formen, die auf das Backblech gegeben werden.

4 Die Haferkekse in den Backofen geben und bei 180 °C Ober- und Unterhitze für etwa 20 Minuten backen. Sollten diese für Ihren Geschmack noch nicht knusprig genug sein, noch ein paar Minuten weiterbacken lassen.

APFELRINGE MIT VERSCHIEDENEN TOPPINGS

8 Port.

10 Min.

Leicht

Zutaten

2 rote Äpfel
30 g Zartbitterschokolade
2 EL Mandelmus
15 g getrocknete Himbeeren
2 EL Kokosflocken
2 EL Cashewmus
40 g Hüttenkäse
10 g Granatapfelkerne
1 Prise Zimt
15 g Erdbeermark (alternativ Kirschmark, Heidelbeermark, Brombeermark)

Nährwerte p. P.

135 kcal
11 g Kohlenhydrate
8 g Fett
3 g Eiweiß

1 Waschen Sie die Äpfel und entfernen Sie das Kerngehäuse. Die Äpfel in dünne Ringe schneiden.

2 Zerbröseln Sie die Himbeeren grob, raspeln Sie die Schokolade.

3 Bestreichen Sie ⅓ der Äpfel mit Mandelmus und verteilen Sie die Himbeeren und Schokolade auf diesen.

4 ⅓ der Äpfel mit dem Cashewmus bestreichen. Dann mit Granatapfelkernen und Kokosflocken bestreuen.

5 Verrühren Sie den Hüttenkäse mit Zimt. Bestreichen Sie die restlichen Apfelringe damit und träufeln Sie das Fruchtmark darüber.

SOBA IN GURKENBECHERN

4 Port.

15 Min.

Mittel

Zutaten

120 g Soba-Nudeln
2 große Gurken
2 EL Reisessig
1,5 EL Sojasoße
1 EL Sesamöl
3 in Ringe geschnittene Frühlingszwiebeln

Nährwerte p. P.

156 kcal
28 g Kohlenhydrate
4 g Fett
6 g Eiweiß

1 Schälen Sie die Gurken und schneiden Sie diese in dicke Scheiben. Die Mitte entfernen, sodass eine Art Becher entsteht. Am einfachsten ist es, zuerst mit einem Messer die Mitte einzuschneiden und dann mit einem Löffel ein Loch auszuhöhlen.

2 Bringen Sie einen großen Topf mit Wasser zum Kochen und kochen Sie die Nudeln gemäß der Packungsanweisung. Anschließend abgießen und unter kaltem Wasser abspülen. Füllen Sie die Nudeln in eine Schüssel.

3 Verquirlen Sie in einer kleinen Schüssel Sojasoße, Reisessig und Sesamöl. Die Hälfte hiervon über die Nudeln geben. Die Frühlingszwiebeln zu den Nudeln geben, einige zum Garnieren aufbewahren. Die Nudeln schwenken, um die Soße zu verteilen.

4 Jeden Gurkenbecher mit Nudeln füllen. ¼ TL der Soße über die Nudeln geben und mit Frühlingszwiebeln garnieren.

5 Sofort servieren oder vorher kaltstellen.

SCHOKO-ERDNUSSBUTTER-RIEGEL

16 Port.

1 Std.
25 Min.

Leicht

Zutaten

100 g Datteln
250 g glatte Erdnussbutter
40 g Haferflocken
40 g gehackte, geröstete Erdnüsse
150 g Zartbitter-Schokoladenstückchen
Salz

Nährwerte p. P.

203 kcal
17 g Kohlenhydrate
133 g Fett
5 g Eiweiß

1 Die Datteln in heißem Wasser einweichen und für zehn Minuten abgedeckt ziehen lassen. Dann abgießen und das Wasser auffangen.

2 Legen Sie ein Backblech mit Backpapier aus. Leicht einfetten.

3 Mischen Sie in einem Mixer Datteln, Haferflocken, Erdnussbutter und Salz. Füllen Sie die Mischung in eine Schüssel um und geben Sie schrittweise 1 EL des Einweichwassers hinzu, bis dieses aufgebraucht ist. Die Erdnüsse einrühren.

4 Geben Sie die Masse auf das Backpapier. Die Schokoladenstückchen in der Mikrowelle schmelzen, dann über der Masse verteilen. Für etwa eine Stunde in den Kühlschrank geben und die Schokolade fest werden lassen. Schneiden Sie diese in 16 gleichmäßige Quadrate.

5 Auf einem Teller oder in einer Schüssel servieren.

Desserts

FRÜCHTEGRÜTZE

 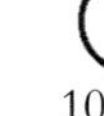  

6 Port. 10 Min. Leicht

Zutaten

500 g Himbeeren
250 g rote Johannisbeeren
250 g Heidelbeeren
30 g Speisestärke
2 EL Honig
1 Vanilleschote
½ Bio-Zitrone
125 ml Kirschsaft

Nährwerte p. P.

125 kcal
24 g Kohlenhydrate
0 g Fett
2 g Eiweiß

1 Waschen Sie die Beeren sorgfältig. Die Vanilleschote längs aufschneiden. Geben Sie die Beeren zusammen mit der Vanilleschote und 400 ml Wasser in einen Topf. Zum Kochen bringen und für drei Minuten bei mittlerer Hitze köcheln lassen.

2 Rühren Sie die Stärke mit dem Kirschsaft glatt. Honig und Kirschsaft mit Stärke in den Kochtopf geben. Unter Rühren weiterhin kochen.

3 Die Vanilleschote entfernen und die Beerengrütze in eine Schüssel umfüllen.

4 Abkühlen lassen und anschließend servieren.

PFLAUMENKUCHEN

12 Port.

1 Std.

Leicht

Zutaten

50 g Kokosöl
50 g ungezuckertes Apfelmus
100 ml Hafermilch
30 g Kokosblütenzucker
500 g Pflaumen
200 g Dinkelvollkornmehl
2 TL Backpulver
Salz

Nährwerte p. P.

123 kcal
18 g Kohlenhydrate
5 g Fett
3 g Eiweiß

1 Heizen Sie den Backofen auf 180 °C Ober- und Unterhitze vor. Vermengen Sie in einer großen Schüssel das Kokosöl, Apfelmus, den Kokosblütenzucker und die Hafermilch miteinander.

2 In einer zweiten Schüssel Backpulver, Mehl und eine Prise Salz vermischen. Die Masse dann in die große Schüssel zu den weiteren Zutaten geben. Geben Sie den Teig in eine eingefettete Springform (18 cm Durchmesser).

3 Die Pflaumen waschen und halbieren. Kern entfernen und die Pflaumen in Spalten schneiden. Verteilen Sie die Spalten auf dem Teig.

4 Den Pflaumenkuchen für 40 - 45 Minuten backen. Dann aus dem Ofen nehmen und vor dem Servieren abkühlen lassen.

KEULCHEN AUS QUARK MIT APFELKOMPOTT

4 Port.

35 Min.

Mittel

Zutaten

600 g Kartoffeln
130 g Dinkelmehl Type 1050
4 EL Rohrzucker
4 EL Sojaquark
3 EL Rosinen
1 EL Limettensaft
2 EL Sojamehl
2 Äpfel
2 EL Rapsöl
Salz
1 Prise Zimt

Nährwerte p. P.

447 kcal
82 g Kohlenhydrate
7 g Fett
10 g Eiweiß

1 Kochen Sie die Kartoffeln für 15 – 20 Minuten in Wasser weich. Dann abgießen und abkühlen lassen. Pellen Sie die Kartoffeln und pressen Sie diese in eine große Schüssel.

2 Zwei Esslöffel Zucker, Sojaquark, Sojamehl, Dinkelmehl, Limettensaft und Salz hinzugeben. Hände befeuchten und aus dem Teig zwölf Plätzchen formen.

3 Erhitzen Sie das Rapsöl in einer Pfanne und braten Sie in diesem die Quarkplätzchen auf jeder Seite jeweils fünf Minuten an.

4 Waschen Sie die Äpfel, dann halbieren, entkernen und fein würfeln. Dünsten Sie diese bei mittlerer Hitze in einem Topf mit Zimt und einem Esslöffel Zucker an. 50 ml Wasser hinzugeben und für etwa fünf Minuten köcheln lassen.

5 Bestreuen Sie die Quarkkeulchen mit dem restlichen Zucker und servieren Sie diese mit dem Apfelkompott.

PORRIDGE-BROWNIES

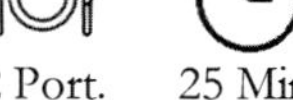

2 Port. 25 Min. Leicht

Zutaten

80 g Haferflocken
230 ml Milch
4 EL Kokosnussmehl
2 EL Honig
2 EL Kakaopulver
Zartbitter-Schokoladenstückchen

Nährwerte p. P.

315 kcal
52 g Kohlenhydrate
4 g Fett
12 g Eiweiß

1 Heizen Sie den Backofen auf 160 °C Ober- und Unterhitze vor.

2 Geben Sie alle Zutaten in eine große Schüssel und vermischen Sie diese gut.

3 Den Teig in zwei Förmchen aufteilen, die in den Ofen gegeben werden können.

4 Streuen Sie ein paar Schokoladenstückchen über die Brownies und geben Sie diese in den Ofen. Für etwa 15 – 20 Minuten backen.

5 Kurz abkühlen lassen und dann servieren.

BANOFFEE IM GLAS

4 Port.

30 Min.

Mittel

Zutaten

50 g Pekannüsse
50 g Walnüsse
10 getrocknete Aprikosen
2 EL Honig
3 Prisen Salz
100 ml Sahne
2 EL Cashewmus
2 EL Zucker
4 Datteln
70 ml Hafermilch
3 große Bananen
20 g gehackte Nüsse

Nährwerte p. P.

490 kcal
53 g Kohlenhydrate
27 g Fett
6 g Eiweiß

1 Heizen Sie den Backofen auf 160 °C Ober- und Unterhitze vor. Weichen Sie die getrockneten Aprikosen in Wasser ein. Geben Sie die Walnüsse und Pekannüsse auf ein Backblech und rösten Sie diese für zehn Minuten im Ofen.

2 ⅔ der Nüsse mit den Aprikosen, einer Prise Salz und dem Honig vermischen und zu einer feucht-krümeligen Masse hacken.

3 In einer Schüssel die Sahne mit dem Zucker schaumig schlagen. Das Cashewmus unterrühren.

4 Die Datteln zerkleinern und mit der Hafermilch in eine Schüssel geben. Zwei Prisen Salz dazugeben und alles mit einem Pürierstab fein pürieren.

5 Schälen und schneiden Sie die Bananen in Scheiben.

6 Beginnen Sie, die Massen in 200 ml große Gläser zu schichten. Zuerst eine Crumble-Schicht, dann die Bananen. Anschließend die Sahnemasse und dann die Dattel-Milch-Masse.

7 Mit gehackten Nüssen garniert servieren.

MOKKA-BROWNIES MIT BOHNEN

9 Port. 55 Min. Leicht

Zutaten

250 ml stark gebrühter Kaffee
80 g getrocknete Datteln
1 Dose schwarze Bohnen, abgetropft
50 ml Kürbispüree
1 TL Vanilleextrakt
2 EL Ahornsirup
65 g Kakaopulver
85 g Weizenvollkornmehl
2 EL gemahlene Chiasamen
1 TL Backpulver
30 g gehackte Pekannüsse

Nährwerte p. P.

170 kcal
33 g Kohlenhydrate
4 g Fett
7 g Eiweiß

1 Geben Sie die getrockneten Datteln zu dem Kaffee und lassen Sie diese für 20 Minuten einweichen. Anschließend beides in einen Mixer geben und auf höchster Stufe mixen. In eine Schüssel geben.

2 Heizen Sie den Backofen auf 175 °C Ober- und Unterhitze vor.

3 In einer Schüssel Kürbispüree, schwarze Bohnen, Ahornsirup und Vanilleextrakt vermischen.

4 Die restlichen Zutaten bis auf die Pekannüsse in einer weiteren Schüssel vermischen.

5 Alle Mischungen miteinander in einem Mixer gut vermischen. Den Teig dann in eine mit Backpapier ausgelegte Brownie-Pfanne geben. Pekannüsse darüberstreuen.

6 Für etwa zehn Minuten backen. Vor dem Servieren abkühlen lassen.

AVOCADO-SCHOKO-PUDDING

6 Port.

20 Min.

Leicht

Zutaten

450 g Avocados
2 TL Vanilleextrakt
65 g Kakaopulver
125 ml Ahornsirup
80 ml Hafermilch

Nährwerte p. P.

250 kcal
31 g Kohlenhydrate
16 g Fett
4 g Eiweiß

1 Halbieren Sie die Avocados und entfernen Sie den Kern. Das Fruchtfleisch in einen Mixer geben. Hafermilch, Kakaopulver, Vanilleextrakt und Ahornsirup hinzugeben. Anschließend auf hoher Stufe mixen, bis die Mischung sehr glatt ist.

2 Den Pudding probieren und nach Belieben mit Kakopulver und/oder Ahornsirup abschmecken. Erneut alles mixen.

3 Stellen Sie den Pudding für mindestens 30 Minuten kalt, sodass er eine festere Konsistenz bekommt.

4 Sofort servieren.

KIRSCHPARFAIT

 1 Port.

 15 Min.

 Leicht

Zutaten

225 g griechischer Joghurt
75 g Kirschen
1 EL Chiasamen
2 EL Mandeln
3 EL Granola
1 EL Honig

Nährwerte p. P.

555 kcal
66 g Kohlenhydrate
20 g Fett
34 g Eiweiß

1 Schichten Sie in einem Glas in der folgenden Reihenfolge: Zuerst Joghurt, dann die Chiasamen und das Granola. Darauf folgen die Mandeln sowie die Kirschen, anschließend der Honig.

2 Wiederholen Sie den vorherigen Schritt, um zwei Ebenen zu haben.

3 Entweder kaltstellen oder sofort servieren.

PLÄTZCHENTEIG AUS SÜẞKARTOFFELN ZUM NASCHEN

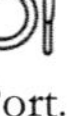

6 Port. | 20 Min. | Leicht

Zutaten

100 g pürierte Süßkartoffeln
1 Dose Kichererbsen
4 EL Erdnussbutter
2 EL Haferflocken
2 TL Vanilleextrakt
¼ TL Zimt
½ TL Salz
etwas Backpulver
2 EL Mandelmilch
120 g Schokoladenstückchen
80 ml Ahornsirup

Nährwerte p. P.

299 kcal
39 g Kohlenhydrate
11 g Fett
7 g Eiweiß

1 Kochen Sie die Süßkartoffeln, sodass sie weich werden. Dann abkühlen lassen.

2 Die Kichererbsen abtropfen lassen. Geben Sie diese zusammen mit allen anderen Zutaten in einen Mixer. Alles auf der höchsten Stufe mixen.

3 Die Schokostückchen hinzugeben und alles nochmals gut vermischen.

4 Verteilen Sie den Teig auf sechs Schüsseln.

5 Optional mit Obst, Haferflocken, Joghurt oder Cracker als Topping servieren.